社会主义核心价值体系建设
"双百"出版工程

项 目

/ 100 位

新中国成立以来感动中国人物/

彭加木

赵全章/著

★

吉林出版集团 | 吉林文史出版社

《100位新中国成立以来感动中国人物》丛书

★★★★★

编　委　会

前 言

　　每个人的心中都多少有一点英雄情结，都向往英雄、景仰英雄。也正因此，在中华人民共和国建国六十周年之际，由中央十一部委联合组织开展的"100位为新中国成立作出突出贡献的英雄模范人物和100位新中国成立以来感动中国人物"的评选活动中，群众参与投票总数近一亿。这其中的每一张选票，都表达了人们对英雄模范的崇敬之情，寄托着对伟大祖国的美好祝福。

　　一个民族不能没有英雄，否则这个民族就不会强大。当国家危难之时，懦弱者选择了逃避、妥协甚至投降，英雄们却挺身而出，用热血捍卫民族的尊严，人民的幸福。在创立和建设新中国的伟大历程中，涌现出无数可歌可泣的英雄模范人物。他们之中，有为了民族独立和人民解放而英勇牺牲的革命先烈，有为了党和人民的事业而不懈奋斗的优秀共产党员，有在全民族抗战中顽强奋战、为国捐躯的爱国将士，有英勇杀敌的战斗英雄和革命群众，有积极从事进步活动的著名民主爱国人士和国际友人……他们是民族的脊梁、祖国的骄傲，是激励全体人民团结奋斗的精神力量。

　　《100位新中国成立以来感动中国人物》丛书，就像一部星光璀璨的英雄谱，真实、完整地记录了英雄模范人物不平凡的一生，再现了他们非凡的人格魅力和精神世界。舍身堵枪眼的黄继光，拼命也要拿下大油田的王进喜，中国原子弹之父邓稼先，新时期领导干部的楷模孔繁森……一串串闪光的名字，一个个动人的故事，犹如群星闪烁，光耀中华。

　　当今中国正处于伟大变革的时代，迫切需要涌现出一大批勇于承担历史使命、为祖国和人民奉献一切的先进人物。在"双百"人物崇高精神的引领下，在建设社会主义现代化国家的征程中，必将英雄辈出。

生平简介

　　彭加木，广东省番禺县人。生于 1924 年 4 月 23 日。1947 年毕业于南京中央大学农业化学系，专攻生物化学。先在北京大学任教，后转入在上海的中央研究院工作。1950 年，新中国的中国科学院华东分院组建成立，在生物化学研究所任研究员。彭加木专门从事植物病毒的研究和防治工作。他多次组织和参加自然资源考察，成绩卓著。1956 年，中国科学院组织一个综合科学考察委员会，分赴全国各地进行资源调查。他放弃出国机会，申请参加考察，第一次到新疆。1957 年，彭加木不幸患恶性肿瘤，回到了上海治疗。他以顽强的精神同疾病斗争。他病情稍有好转，便先后去云南、福建、甘肃、陕西、广东、新疆等十几个省区考察。彭加木先后十五次到新疆考察并参与科学院新疆分院的工作。1979 年他以中国科学院上海分院研究员的身份，被任命为中国科学院新疆分院的副院长，担负"智力支边"的任务。1980 年 6 月彭加木率队第四次考察罗布泊时遇难。彭加木 1953 年加入中国共产党，曾任第三届全国人民代表大会代表。

1924-1980
[PENGJIAMU]

◀彭加木

目录 **MULU**

高名塞于宇宙，盛业光于天壤（代序）

　　一个时代，一项事业，总有一批昭昭人杰，显示那个时代和事业的发展水平，代表那个时代和事业所体现的社会精神乃至道德、价值取向。中国历史上有许多英雄豪杰的英名广布民间，有些是实有的，有些是人们杜撰，至少有不少是以历史原型演绎而成的。中国人民争取民族解放和国家独立进行了一百多年艰苦卓绝的斗争，又如日月皎然一样，诞生了许多浩然正气、各领风骚的仁人志士、英雄楷模。他们立德、立功、立言，博施济众，拯厄除难，功济于时，理足可传。"高名塞于宇宙，盛业光于天壤"，虽久不废，永葆美名在历史和人民的心中。

　　1980 年 6 月 17 日，中国科学院上海分院研究员、新疆分院副院长彭加木率领一支综合科学考察队，在新疆广袤无垠的塔克拉玛干沙漠腹地罗布洼地进行科学考察的时候，不幸罹难。

　　彭加木失落在风沙流荡的大沙漠中，引起了全国人民的关注。在党中央和国务院的亲切关怀下，人民解放军驻罗布洼地一带部队指战员和新疆、甘肃、上海、广东等地区的有关部门的人员组织了一次又一次大规模的救援行动，希冀救援彭加木，走出困境，避免厄运，拯救一个大义、不屈又令人敬仰的生命。即使在痛心地判断彭加木已经罹难的情况下，搜寻队伍也仍然克服重重困难，力图查明他的下落，以安托一个虽死犹生的英名昭昭的科学家的伟大灵魂，并寄托人们的哀思和仰慕。活不见人，死不见尸，总是一件令人遗憾并且加倍痛惜的事。人们只能遥祭罗布泊，让怀念伴着心里的痛楚，去追忆、传颂他的业绩和风采。由于地理环境的严酷，搜寻队伍未能达到援救彭加木的目的。但是，那场援救行动本身也仍然是豪迈、热烈而悲壮的。为了拯救一个科学家的生命而组织的沙漠大救援行动，也应该作为科学考察业绩、惊心动魄的生命搏斗的精彩篇章，记入历史册页。我们怀念彭加木，也怀念当年救援彭加木的许许多多同志。

　　彭加木献身科学事业的精神变成一种催人奋进的力量，对全国人民起到了组织、动员、激励的作用。全国各民族人民、社会各阶层各色人等，情系彭加木的安危。以至于多年之后，彭加木的命运和贡献仍是人民唏嘘长叹和称颂不已的话题。尤其是那次沙漠救援行动发生在十年动乱刚刚过去，党中央正在努力恢复优良传统，重新提出尊重、爱护、支持科技人员、知识分子的时候，党中央号召学习彭加木，使学习彭加木的热潮不断地推向深入。1982年12月，在共青团十一大会议上，王兆国在团中央的工作报告中阐明了学习彭加木的意义。1983年3月15日，胡耀邦在中央召开的纪念马克思逝世一百周年大会上发表题为《马克思主义伟大真理的光芒照耀我们前进》的讲话中说："在新时期中，我们希望我国知识分子，以马克思、恩格斯这样的最完全的知识分子作为自己的崇高典范，继承和发扬五四运动和一二·九运动以来中国革命知识分子的光荣传统，学习彭加木、栾茀、蒋筑英、罗建夫、雷雨顺、孙冶方等同志的献身精神，更加努力地学习马克思主义，精益求精地掌握新的知识，脚踏实地地到群众中去，到实践中去，自觉地增强组织性和纪律性，在改造客观世界的伟大斗争中，努力改造自己的主观世界，做到又红又专。"由于党中央的倡导，学习彭加木成为我国人民的社会主义精神文明建设的重要内容。彭加木不愧为我国知识分子的崇高典范。

彭加木是上个世纪的人。那个时代的中国人，但凡心怀道义，有所追求，便要付出特别的辛劳，经过痛苦的探索和磨砺。20世纪是世界政治、经济、文化、社会格局大变革的时期。中国人尤其在这个历史变革中步履维艰。彭加木的人生历程就是中国知识分子在那个年代上下求索、经历苦难而升华为民族精神象征的过程。回眸彭加木，回眸历史，总觉得中国艰难而辉煌。五四运动所倡导的"德先生"和"赛先生"为推动中国历史进步发挥了巨大的作用。尤其是近三十年来党中央所倡导的改革开放，更使中国的政治、经济、文化和社会面目一新。但是，高科技给人类带来的巨大物质财富，我们倾情享受的同时，现代科学所面临的一系列新课题、新任务，需要21世纪的中国人，包括科学工作者们，更积极进取，努力探索，并且恭谦审慎。"志士不忘在沟壑，勇士不忘丧其元"是一方面；另一方面，科学良知和道义责任也迫使社会追求新的制度和建立新的理念，以建立人与自我、人与社会、人与自然的新规范。党和政府，科学和文化，社会公民和科学家，应对生命进行终极意义的叩寻，对人类的生存状态和命运进行全方位的深层观照。21世纪的中国，需要"赛先生"和"德先生"的旗帜更高地飘扬！

"情恻恻以催心，泪愍愍而盈眼。"我们感念上个世纪的英雄模范、豪杰伟人，他们"生而为英，死而为灵"，永远活在中华历史和人民的心中！前辈的事业需要我们继承，21世纪的中国人更应奋发有为啊！

混沌时代

→ 童牙多难

★★★★★

　　春风吹到了流溪河。清凌凌的流溪河水，缓缓地流淌，流进了稻田，流进了蔗地，流进了橘林，流进了荔园……

　　靠近广州的番禺县流溪河畔槎头村，处于一片水乡地带。这里，田间地头水连着水，村前村后船挨着船，是一个富饶的鱼米之乡。听年迈的老人讲，在遥远的古代，有一位从南海来的仙人，乘着一排缀着翠绿枝叶的木筏，从珠江口漂浮到这流溪河畔。那仙人栽绿布荫，点化草虫成鱼虾，从此，这里便鱼米丰盛，人丁兴旺。为了纪念那位乘槎而来留下福音的仙人，人们将这个地方起名"槎头"。这虽然是美丽的传说，但这里水多土肥，五谷丰登，确实是丰腴肥美之地。

　　槎头村的柳荫下，住着一户彭姓人家。彭家四世同堂，同辈儿孙一大群。长房彭炳忠，常向赵公元帅烧香叩头，祈求生活富裕，财源茂盛。他已经有了两个儿子，一个起名家泰，希望人寿年丰，日日康泰；一个起名家颖，盼望他脱颖而出，超人出众。眼下，妻子又怀身孕，他自然又到佛门烧香积德，在将要出世的孩子身上，寄托一丝渺茫的希望。

　　1924 年 4 月 23 日，彭炳忠跑生意去了佛山，他的妻子独自在庭院里散步，不慎跌了一跤，妯娌们七手八脚地把她挽进堂屋，刚躺上床，只有七个月的胎儿就提前出世了。

　　早产的婴儿呼吸微弱，肤色青紫，体重还不足三斤，就像是被风刮掉的一个未成熟的果子。彭炳忠的妻子曾怀过五胎，只养活两个，看到小儿子这个可怜样，母亲伤心极了，她紧紧地把孩子搂在怀里，眼泪簌簌落了下来。

彭炳忠得知儿子出世，急忙赶回槎头村。他见到羸弱的小儿子，不觉也有些辛酸，可是，如何拯救这新生儿，他却没有主意。

正当彭炳忠愁眉不展的时候，槎头村附近社学里的一位老先生前来道喜；他告诉彭炳忠，广州兴起革命党，开新医院，办新学堂，很有一番新学问。他劝彭炳忠不妨把早产的婴儿送到广州去求医，也许还有希望。

彭炳忠虽然对革命党的事了解得不多，但广州城轰轰烈烈的事情，他也看了不少。他到底是经常在外面跑的人，思想开放得多。无论什么办法，能救活孩子就行。对老先生的一番指点，他感激不尽，忙作揖叩谢，并请老先生给小儿子取一个名字。老先生为人好义，也不推辞，问明了彭炳忠的心愿和他的子嗣排行情况，沉吟片刻，给孩子起名"家睦"——取举家和睦之意（后来彭加木自己把名字改为"加木"）。老先生的吉利话，使彭炳忠在百般烦恼中得到了一丝安慰。

彭炳忠抱着试试看的念头坐小船进了广州，在荔湾一片秀丽的风景区里，找到了柔济医院。

医院里的女大夫，把小彭加木放进一个奇异的用钢铁、玻璃作材料，并按照复杂的电路装配成的"育婴箱"里，温度调节保持在摄氏 20 度左右。别人家的婴儿，都是靠温暖的阳光和慈母的体温抚育的，而彭加木接受的却是电热；别人家的婴儿，都是在大自然的怀抱中吃、喝、听、笑，而他却被禁锢在钢筋铁骨的箱子里，独自喘息、蠕动着。

育婴箱的婴儿处于适宜的环境中，一天、两天，……几天过后，他竟能像雏燕一样张开小嘴，歙动着小鼻孔，吮吸乳汁，均匀地呼吸空气了。又过了一段时间，他的皮肤渐渐透出红润，薄薄的嘴唇变得像两片绯红的花瓣。瞧，他睁开了双眼，透过玻璃，好奇地注视着箱外的世界……

科学拯救了一个新生命，给了他踏入人生的力量。

日月如梭，转瞬间五六年过去了，育婴箱里存活下来的彭加木，出脱成了村里人人喜爱的孩子。

他生性好动，喜欢做各种游戏，对什么都感到好奇。他带领伙伴们在流溪河里游泳；他帮伙伴们做弹弓去打落家雀子，然后扯去皮毛烧着吃；他会做各种各样的风筝，彩蝶呀、鸿雁呀、七星呀，合几股棉线，把风筝送到高高的天空。到了春节玩灯的时候，他会做鱼灯、龙灯、鸡灯、宫灯，分给伙伴们尽情地玩耍。他喜欢稻田、蔗地、橘林和荔园，喜欢爬上那高高的木棉树，望着远处秀丽的越秀山，陷入无边的遐想。

有一次，彭加木约了几个小伙伴，顺着流溪河，一直走到与珠江汇合的河口。他拣回一包彩色的贝壳，装在一个精制的瓷盆里，送给社学的那位老先生，乐得老人合不拢嘴。彭加木听人讲过老先生当年的救命之恩，因此对他分外敬重。

夏夜，热气笼罩着槎头村。彭加木跟随大人，睡在村头水渠边的窝棚里。草丛里有萤火闪动，蔗林里有蟋蟀争鸣，蓝天上有流星飞逝，田野一片寂静。彭加木闭上眼睛，似睡非睡。突然，他翻身下地，赤脚摸进密密的蔗林，将耳朵贴在甘蔗秆上，如痴如呆。听了一会儿，他又赶紧跑回窝棚，推醒了家里人，神秘、惊喜地对他们说："我听见了甘蔗拔节的声音……咔嚓，咔嚓，甘蔗在长个子呢！"

槎头村北边有一座小山丘，山丘上有一个像碉堡一样的建筑物，不少人说这是古代报警的烽火台，可老辈人呢，却把这个地方叫做"烟墩顶"。传说，唐朝有个皇帝的妃子爱吃岭南的鲜荔枝，于是皇帝下令，把最好的荔枝送到京城去。那时，还没有汽车、火车、飞机，交通极不方便，要把岭南的鲜荔枝送到京城长安，全靠沿途驿站、甬道传送。这烟墩顶便是一个运送荔枝的转运站。官吏派百姓一站接一站飞赶着运送荔枝，马死人瘦，人民怨声载道。彭加木听了这个传说，不免感到难解，为什么一个人吃荔枝，却要那么多人为她运送？他问哥哥："要是北方也种荔枝，不是可以免去人们的劳苦了吗？"

彭加木稚嫩的心灵里，萌生起许多新奇的问题，他渴望得知解答这些问题的道理。他常常蹲在社学门口，呆呆地倾听学生们的琅琅读书声。有时，他搬个小凳坐在家门口，用小手撑着下巴，静思默想。看到这种情形，村里人觉得，他该到社学去念书了。

广州一带的社学，不同一般的学堂，它有过一段反抗帝国主义侵略的历史。1839 年，林则徐在广州虎门禁烟；1841 年，广州城北三元里的农民又自发组织起"平英团"，狠狠打击英国侵略军。当时，广州附近村村镇镇结社聚义，卫国保家。离槎头村不远的石井镇，人们利用社学练兵习武，宣扬民族大义。事过多年，世道虽然变了，但是社学仍然保留下来。广州是大革命的策源地之一，新思想新文化在这里较早得到传播，社学也就成为乡间普及科学文化知识的一座学馆。那位给彭加木起名的老先生，就在石井镇的社学里任教。他对身体柔弱的彭加木十分疼爱，欣然接受这个不到六岁的孩子入学念书。

在社学里，彭加木接触了许多科学知识。随着岁月变迁，那些"子曰诗云"之类的东西，不免渐渐被淘汰，新课本讲的都是"民生、民主、民权"，还有ABC 和欧几里得、达尔文、摩尔根之类的新知识和新人物。老先生年纪不小了，却挺开化，他热爱大自然，喜欢带学生到荔园、橘林去开扩眼界，培养学生对大自然的兴趣。进了橘林，他触景生情，给学生们讲起爱国诗人屈原的《橘颂》以及他忧国忧民的故事。这一切，在彭加木幼小的心灵上烙下深深的印记，他牢牢地记住了屈原的故事和爱国诗篇，屈原成了他最敬仰的人。他朦朦胧胧地感到，自己总要学点本领，今后才好为国家出力。他心里萌生了刻苦学习的念头。

老先生带学生去荔园，就讲古往今来许多以荔枝为题材的诗篇。老先生由大自然讲到诗，又由诗讲到历史，使彭加木从充满情趣的知识中，领悟到许多人生哲理。

凭着自己不懈的努力，彭加木的学习成绩总是名列前茅。这个刻苦好学的学生，受到所有老师的喜欢，尤其得到那位老先生的器重。

天增岁月人增寿，彭加木长成少年了。那位老先生年逾花甲、老态龙钟了。在彭加木启蒙时期将要结束的时候，老先生提笔写下一帖字幅，赠给彭加木：左书"读书味道尝"，右书"家睦贤弟勉"。老先生语重心长，对这勤奋好学的后生，既不嘉奖，也不恭贺，仅仅说出一番以书为友、刻苦攻读的感受，借以慰勉。

在老师的教诲下，彭加木卷不离手，嗜书成癖，读起书来废寝忘食。书中有甘甜和愁苦，有快慰和艰辛，书使他聪慧，也给予了他意志和力量。他爱上了书，他永远忘不了对他传道、授业的老师。

1937年，彭加木跟随父亲离开家乡，到佛山华英中学求学。

同槎头村比起来，佛山真是太大了，这里另有一番天地。槎头村只有摇动双桨才能航行的小木舟，而这里，却有鸣叫着汽笛、靠机器开动的轮船；槎头村人口稀少，而这里，在鳞次栉比的商店前，挤满了熙熙攘攘的人群；槎头村的房屋都掩映在柳荫深处，而这里的房屋却高出树梢。彭加木爬过树，却没有爬过这么高的楼房；槎头村识字的人不多，有书的人家更是屈指可数，而这里却有书店、报馆、图书馆。那成堆成堆的书，真像一座座小山。嗨，一个人什么时候能读完这么多书啊！

彭加木闯进一个广阔而令人眼花缭乱的世界。

他如饥似渴地在课堂上、在图书馆里攻读的时候，日本帝国主义加紧了对中国的侵略。安定的学校生活被破坏了。彭加木经常听老师激愤地讲起东北三省、华北平原在日寇血腥统治下的惨况，他想起了屈原的故事，忧国忧民之情油然而起。他和同学们一起唱起了流亡歌曲，在音符中寄托自己的满腔悲愤。他感到了音乐的力量。他爱上了音乐，学会了吹笛、弄箫。当夜幕降临之后，华英中学的大操场上经常传出哀怨、凄凉的竹箫声。人们看见，是彭加木，又在一往情深地吹奏那曲揪人心肝的悲歌《松花江上》。

一天早上，操场边的木棉树干上，贴出一张只有书本大小的彩色中国地图。地图上的东北三省和华北平原被涂上了黑色。黑色的图面上，伸出几只魔爪，扑向黄河以南的中州，扑向长江以南的江浙，扑向粤汉路沿线的湖广……地图边写着这样一行醒目的黑字："同学们，祖国危亡，日寇的魔爪正伸向祖国的四面八方……"

参加朝会的同学们被吸引过来，围观这张画着魔爪的地图，有人愤怒，有人抽泣，有人低声议论。那时候，在国民党统治区，当局竭力封锁消息，不让学生知道国土沦陷的真情。这张地图的出现，激起了同学们的无比忧怨和悲愤。

主持这天朝会的，是彭加木班上的国文老师。他常讲历史上许多爱国志士的诗篇，教诲学生们不忘国耻，牢记民族仇恨。现在，面对激愤的学生，他讲起了岳飞的《满江红》，说到慷慨激昂之处，操场上响起了悲壮的歌声："……待从头，收拾旧山河，朝天阙。"

师生的眼眶里，都盈满了热泪。

国文老师早从地图上的字迹辨出了贴图的人。晚上，他把彭加木请到自己的书房，和善亲切地问道：

"告诉我，你怎么想出这一着？"

彭加木一怔，有些不安，他小声反问道：

"老师，难道我错了吗？"

国文老师没答话，却从抽屉里拿出一本崭新的中国地理课本递给彭加木，说道："不，你是对的，只是你的地理课本上没有地图了，我送你这一本用吧。好孩子，你的地理课，应该给满分，因为你把祖国记在心里了！"

彭加木动情地站起身来，紧紧地握住老师的双手……

武汉失守前后，日寇的飞机经常骚扰岭南地区。广州、佛山和韶关一带，不时警报长鸣，弄得人们提心吊胆。

那是一天黄昏，佛山又响起令人心悸胆寒的警报声。满街的人们慌乱地躲进地洞或壕沟。华英中学的大操场上，凡能遮住人身的坑坑洼洼里、断墙残壁下，都匍匐着学生。夜色愈浓，人心愈紧。木棉树上，垂柳枝头，栖息的乌鸦扑楞楞地时时飞动，使沉沉的夜色显得更加凄凉。

整个佛山进入宵禁，全城灯火都关闭了。惨白的月光笼罩着大地，死一样沉寂的夜，静得人心发瘆。

彭加木伏在一条小沟里，不时仰望天空。在天空的东北方向，隐隐约约可以见到一些移动的光点，接着传来了嗡嗡的声音。敌机来了！彭加木立刻紧张地注视着那些光点的行踪。

蓦地，远处传来一阵沉闷的爆炸声，日寇飞机向佛山投下了一枚枚罪恶的炸弹！大地抖动着、呻吟着。想到不知又有多少无辜的人们惨遭涂炭，自己却无能为力，彭加木的心中充满了难以压抑的痛楚和怒火，他使劲地咬着嘴唇，咬出了血印……

飞机的轰鸣声渐渐远去，大地又恢复了寂静。不久，警报解除了。

半夜，传来一个令人震惊的消息：彭加木所尊敬的那位国文老师在乡间家里被弹片击中，不幸身亡。

彭加木惊闻噩耗，急忙赶到老师家里。他扑到老师的灵前，眼泪扑簌簌地掉了下来。眼泪不能洗刷民族仇恨，眼泪不能平息胸中的怒火，眼泪不能使老师的亡灵复生。彭加木忽地站起身来，抹干眼泪，掏出国文老师赠送的地理课本，伏在棺木上，用自己的笔，在书中的彩色地图边端端正正地写上两行字：

"祖国伴着你，你和祖国在一起。"

然后，他签上自己的名字，把课本和钢笔一齐放进了老师的棺木里。

➜ 磨砺求索

★★★★★

在日寇铁蹄的践踏下，祖国大好河山沦为焦土，民族灾难日益深重。

1938 年 10 月 11 日，日军从南海登陆，国民党广东省政府的要员们闻风丧胆，星夜逃遁到粤北重重山峦中的韶关躲避战火去了。21 日，日寇不战而侵占了广州城。

广州及佛山一带的人们，稍有办法的都赶紧携家带口，急急忙忙逃亡他乡。

许多人逃往香港。当时，日本和英国还未交战，英国通过不平等条约占领的我国领土香港，香港一时成了躲避战火的地方。

彭加木也随着学校迁移到了香港。

国土支离破碎，流亡到英帝国统治的孤岛香港，彭加木的心情苦闷极了。他时时处处感到寄人篱下的愁苦，无时无刻不在思念自己的故乡和亲人。

不久，家乡传来了不幸的消息，佛山被日寇攻占了。父亲彭炳忠变卖产业回到了槎头村，不久就病故了。

听到父亲去世的噩耗，彭加木暗中哭了好几次。他想潜出香港，越过敌人的防线回家奔丧，但因难卜途中吉凶，又不敢贸然行动。

彭加木找不到出路，便向老师请教，老师们自己也忐忑不安，无计可施；找同学商议，没有人能给他出一个稳妥的主意。

中秋之夜，天空晴朗，月色皎洁。那圆圆的月亮俯视人间，像是有意要挑起流亡者的乡思。彭加木无心赏月，独自一人闷坐在教室里沉思。突然，敲门声响起来，门开处，进来一个发长肌瘦、满面憔悴的汉子。

彭加木一怔，急忙起身迎上前叫道：

"哥哥……"

弟兄两个，一别数年，骨肉的深情，心中的忧忿，顿时都化作泪珠滚滚落地。

彭家泰比彭加木大16岁，苦难的岁月使他变得老成。他强忍着心头的悲愤，给弟弟擦去眼泪："莫——莫——莫哭，这不是，咱们弟兄俩都活着……"彭家泰1938年在上海考入中央大学农学院园艺专业，后来随学校内迁到了重庆。听说父亲去世，他急忙回家奔丧。为了防备途中多变，他化装成一个小商贩，离重庆到韶关，又从韶关辗转到香港，为的是看望一下离别已久的弟弟。

彭家泰告诉弟弟："我从中央大学毕业后，想到美国去留学……"

听了哥哥的话，彭加木不解地问道："难道你忍心离开自己的祖国，流落异邦吗？""离家不离国，离土不离心。"彭家泰向弟弟表明心迹。

彭加木自言自语说："你想出国，我却想回家……"

彭加木弟兄两个，默默地走向海湾，靠着青石坐下，面对大海，惆怅无言。寂静的夜晚，不时传来滚滚浪涛声。这里望不见越秀山的秀丽丰姿，听不到黄埔港的汽笛长鸣。家乡的流溪河、烟墩顶，茂密的橘林，翠绿的蔗田，如今都在日寇的铁蹄之下……彭加木回头望望已经显得有些衰老的哥哥，想到他出国后不知何年何月才能再相会，不禁伤感起来。

"哥哥，你还会回来吗？"

"怎么能不回来！我的家在中国，我忘不了自己是华夏子孙！"

彭家泰告诉弟弟，他已改名叫彭浙。

"这是为什么？"彭加木有些意外。

"浙字有江水曲折倒流的意思。三江三水是祖国的血脉，我离家不忘祖国的河，离土不忘故乡的水，总有一天，我要回来……"哥哥眼眶里盈满了泪花。

弟兄俩对风雨飘摇的祖国和个人的前途无法预卜，只好筹划着眼前的打算。他们商定，彭加木暂留香港，彭家泰回槎头村处理父亲病故后的一些善后事宜。

弟兄俩挥泪而别。哥哥又扮作商贩，搭上日本人的轮船；弟弟站在海边，目送远去的哥哥，看着无边的大海，茫然惆怅，不知何日是自己的归期。

1941年12月8日，日寇出动了大批飞机、军舰偷袭珍珠港，发动了太平洋战争。随着关岛、吉隆坡、马六甲海峡、新加坡、菲律宾等地的沦陷，香港也被日军占领了。彭加木同千千万万无家可归的劳苦大众一样，成为日寇铁蹄下的奴隶。

从国内到香港地区来的，有各种各样的人。有的人带来巨资，经商办厂，大发横财；有的人两手空空，一贫如洗，为了养家糊口，被迫当乞丐，当脚夫，当妓女，当盗贼；有的人在这个尔虞我诈的社会中无法生活，只好漂洋过海，流落异国他乡。贫与富，贵与贱，善与恶，美与丑，在这里都得到了淋漓尽致的暴露。

彭加木在这里得到了什么呢？他来香港，无亲无故，原是为了躲过日寇的蹂躏，希望求得一个平安的环境，学些知识的。可是，无情的战火已经蔓延到这里，学校被关闭了。在这里，中国人的人权丧尽，受尽屈辱，生命同样没有保障。在亚洲这个著名的港口，尽是日本人作威作福，横征暴敛。香港同祖国大地一样，到处洒满了中国人的血泪和汗水……

学校驻扎了日军，学生们被赶出了校园。彭加木失去了立足之地，他不得不在冷落的酒肆茶座之间流浪，挨过时光。大雨如注，街面上不能躲雨，他就钻进"巴士"，随着叮叮当当的铃声转游，夜深入静，他无处归宿，就在海湾的岩石板上过夜。

香港变成了死港。这里的邮电、交通、工厂、商店、学校，都在日寇的控制之下。

彭加木所在的学校，按照占领军的命令，开始筹划复学的事。

学校的黑漆大门半开着，门上的铜制狮子恶狠狠地瞪着大眼。几个日伪人员凶狠地检查着进出者的证件。他们不停地咆哮着、咒骂着。看到这些，彭加木心里如同火燎刀剐一般。这哪里是学校的大门，分明是地狱的牢门！

为了弄清情况，他邀了几个相识的同学来到学校。

一群刚入校的学生，正在中心花园门廊前围看校方贴出的布告。布告上盖着日寇当局血红的印戳。彭加木凑上前去，见那布告上写着：

"凡在校学生，不得集会，不得散布有伤中日提携的言论，不得秘密结社，不得……"

这数不清的限令，条条都是为了剥夺中国人的权利和自由啊！同学们议论纷纷，有的忍不住低声怒骂。当大家得知日寇当局还将强迫注册的学生集会受训时，情绪更是沸到顶点。彭加木也气愤极了，他想，这样的学校，无论如何也不能上！

校方人员恼羞成怒，同学生们发生了冲突。在骚乱的人群中，彭加木同几个熟识的同学在一起，暗中鼓动大家抵制注册，抵制校方的集会。他们毅然挤出人群，勇敢地向校门口冲去。学生们纷纷跟在他们身后，涌出了大门。敌人妄图复学的计划破产了。

当天，彭加木就托人将自己的衣物搬出了学校。他决定要返回故乡。

1942年初，彭加木身背行李，脚踏一双旧草鞋，离开了香港。跟他同路的，都是些无家可归的流亡者。他们虽然萍水相逢，互相不明底里，但共同的亡国之恨，却使他们有着共同的语言。

彭加木在乱草丛中歇过脚，露过宿，喝过弯弯小河里的浊水，吃过酸涩的野菜野果。他在满目疮痍、惨遭日寇蹂躏的祖国大地上，在埋葬着中华民族祖先和曾经产生过灿烂文化的大地上，流亡了一百多公里。他的耳边，常响起那支浸透着亡国者悲痛的歌曲："流浪，流浪……"他作为一个流亡者，想到那些身陷敌手的同胞们的命运，心中又增添了几分揪心的痛楚。

彭加木几经周折，终于回到了槎头。家乡山水黯淡，面目全非。流溪河里，敌人的巡逻艇耀武扬威；烟墩顶上，立起了日伪军的岗楼；橘林、荔园里也经常有鬼子出没。家乡逃亡的人不计其数，留下的，掩柴门，守穷屋，战战兢兢地打发着亡国抱恨的时光。

彭加木一回到槎头，就急不可待地同哥哥商量出路。一个月明星稀的夜晚，彭浙和彭加木悄悄潜出了槎头村。敌人的岗楼里，不时射出探照灯光，传出一两声吓人的唬叫，加上划破夜幕的凄厉的冷枪声，夜色越发显得阴森恐怖。彭浙拉着弟弟的手，悄悄涉过流溪河。哗哗的流水声传到远处，那回声就像是沙沙的脚步声，又像是哒哒的马蹄声，他们正要上岸，猛抬头看见岸边立着一个高大的黑影。弟兄俩顿时毛发耸立，打了一阵冷战。他们站立在水中定睛望了一望，那黑影并没有动。他们壮着胆子爬上岸，才看清一棵枯树，两人倒吸了一口气，抹去额头上沁出的一颗颗冷汗。

彭加木和哥哥终于进入了国民党军队的防区，他们本想松弛一下紧张的神经，自由地呼吸一口空气，谁想到，"国军"的岗哨和交通站也步步盘查，站站敲诈，逼得兄弟俩无路可走，不得不改变走陆路的计划，另走水路去韶关。早先父亲在世时，常去韶关经商，那里有几十亲戚朋友可以投靠。

彭家兄弟从清远乘上木船沿北江北上。曲曲弯弯的北江，港汊一个连着一个。河里行走的，除了官家轰隆作响的机动船外，更多的是挂起布帆借风飘荡的木船。他们搭乘的那条木船，逆流而上，速度缓慢，船上有两个老艄公，七八个乘客挤在狭小的船舱里，同舟共济。遇到逆风，一个老艄工便套上纤绳，上岸拉船。他赤着脚，低着头，咬紧牙关，步履维艰，双手一前一后，紧紧拉住纤绳，拼命往前挣。他的额头上，滚动着豆大的汗珠。纤绳嵌进他那黝黑、瘦削的肩头，勒出一道道紫红、深陷的血印。帆船缓缓地向前方移动……

望着这情景，彭加木心里突然感到一阵痛苦的抽搐：祖国，多么像一只在逆流中艰难行进的大船。千千万万苦难的人民拖着纤绳，想使它前进。人民多么盼望这条大船能驶进一个太平的、光明的港口啊！可是，这种美好的愿望何时才能实现呢？前途渺茫，真不知大船将要漂到哪里！然而，人民还是努力抗争着，不使这条大船葬身逆流……

彭加木被老艄公那坚韧不拔的精神感动了，他挽起了裤腿，走上岸去，跟着老艄公拉起纤绳，弓着腰，爬坡，趟水。

岸边的沙滩上，留下了几行深深的脚印……

→ 英华待放

★★★★★

彭加木和哥哥历尽艰辛，总算来到了韶关。韶关地处广东北部的南岭山麓，是粤汉铁路的要冲。这座古城，远在唐宋时代就已海内闻名。广州失陷后，韶关成为国民党广东省政府的临时所在地，一些国民党军政要员和开银行、办商业的大亨们，纷纷云集于此。在祖国南北遍燃烽火的时候，这里倒现出一片畸形的繁华景象。

彭加木靠着一个族叔的帮助，进入仲铿中学读书。"仲铿"，是第一次国内革命战争时期北伐军中一位将领的名字。北伐时代，广东是革命的大本营，猛将良才出了不少，不幸的是，大革命失败后，仁人志士遍遭杀戮，这位将领也遭到歹徒暗害。他生前曾满怀悲怆之情，给后人留下一句肺腑之言："天下不能容好人，付之叹息而已。"悲悲切切，令人感叹。家乡人民不忘他协助孙中山先生所建立的不朽业绩，在韶关创办了这所中学，以作纪念。

在这所学校里，彭加木遇着一位当年曾投笔从戎，在北伐中出入枪林弹雨的廖老师。这位老师豁达豪放，铁骨铮铮。他经常激于义愤，评说是非，议论国事，仍不失当年金戈铁马的豪勇。多年来，他同国民党政府水火不相容，誓不从政，甘愿在这所中学里度过余生。彭加木为廖老师的崇高气节所折服，最喜欢听这位老先生的课。凡有不懂，必去请教，师生之间，情意相通，心心相印，交往愈来愈深。彭加木感觉到，廖老师也是这世道容不得的好人之一。

廖老师不仅通晓诗书，而且擅长作画，但他一不弄文博名，二不为画换银。肝胆相交的朋友，他以诗文相赠；口是心非的小人，就是送礼求情，也休想让他动一纸一笔。

有一次，彭加木在学校外面的松林里散步，偶然与廖老师相遇。老师邀请他到松林中的酒家小坐。三杯酒下肚，廖老师竟不避旁人耳目，在大庭广众之中慷慨陈辞，从东三省沦陷，说到卢沟桥事变，又从上海、广州失守，说到武汉国民党军队大溃退。廖老师一番宏论，道出蒋管区战场节节败退的真情，痛斥了政府奉行的不抵抗主义的卖国路线。说到痛处，他潸然泪下，说到恨处，他目中喷火。

彭加木深深理解老师心中的痛楚，有良心的中国人，哪一个不为祖国的命运忧心如焚呢！他双手捧上茶杯，劝老师珍重。廖老师没有答话，却向酒家伙计要来纸笔，挥笔画了一幅国画：深秋落叶，天地萧索，光秃秃的树林边，有一段墙壁，还有一个摇摇欲坠的亭子，旁立一位拄着拐杖的老翁，他斜睨着双眼，漫不经心地瞧着那将要坍塌的亭子。

望着这暗淡萧条的画面，围观的人面露疑惑，议论纷纷。彭加木也对老师的用心感到不解，只好劝慰说："老师，总要使人看出一点风光明媚才好。"

廖老师对旁人的反应似乎全然没有察觉，他低头略思片刻，便挥笔在画稿右上角题了几行字：

　　　　千嶂古木，一片秋色。

　　　　悠悠客肆，天末危亭。

　　　　　　　　送家睦弟

随后，他把笔重重摔在桌上，说道：

"我正要祝贺这危亭坍塌。如果旧园能够一扫而光，让后辈中华儿孙在建设新亭新屋时，不致于耗费力量，去扫穴犁庭，拆除旧物……"

彭加木茅塞顿开，恍然大悟。他欣然接受了赠画，同廖老师一起穿过松林往回走。路上，廖老师对他说：

"家睦弟，你我生不逢时，不能报效祖国。我已经老了，力不从心。你们这一代羽翼又还未丰满。不过，你们将来自有一举而九万里之日。那时候，有用武之地，有用武之地……"

廖老师充满深情的话，久久地在彭加木心中萦绕。他感到一种情感上的升华，眼前显现出光明。他憧憬着未来。他虽然感到这未来有些朦胧，但毕竟能给人以鼓舞。他开始思索自己的人生道路。

一个人对于职业的选择，往往会受到各种各样环境的影响。不知是南国秀丽的大自然影响了彭家三兄弟，还是这三兄弟互相影响的结果，他们都同绿色生命结下了不解之缘：彭浙醉心于研究南北果木互移；彭家颖则力攻生物化学，研究绿色生命如何接受阳光雨露的恩泽，结出丰硕的果实；彭加木就想得更多了，他想到自己身体先天不足，全靠后天锻炼补充的经历，想到了在大自然中，要使植物枝秆苗壮，花繁叶茂，果实累累，要靠那些神秘的氮、磷、钾的威力。于是，他毅然于1944年秋，报考了中央大学农学院农业化学系。

中学时代的生活结束了。彭加木离开韶关，去衡阳，过桂林，经贵阳，辗转多日，到达了两江环绕的重庆。他一踏上朝天门码头，就被一片污浊、潮湿、带着腥味的浓雾所笼罩了。码头上，两米开外就看不见人影，听到的是一片汽笛声、号子声以及挑夫、小贩的吆喝声。街上到处可见沿街乞讨的老人和衣衫褴褛的流浪儿。在这里，他又遇到了令人恼火的事。那些检查箱子、提包、口袋的警官，故意把人们的书箱、行李翻得底朝天，警犬似的眼睛搜寻着箱内的每一个角落。重庆，就这样在彭加木的脑海中留下了最初的印象。这就是自称"率亿万同胞拯救民族于敌手"的国民党政府所在地！这就是国民党经营多年建立起来的提倡"新生活运动的模范城市"！

中央大学设在沙坪坝，紧临嘉陵江。离学校不远，还有一片茂密的松林。见到这样的环境，彭加木的心情略略轻松了些，可是，一打听到系里的情况，却又使他大为扫兴。农业化学系有几十个学生，其中专攻生物化学的只有四个人！真是不景气。

然而，几个月的学校生活，使他很快改变了最初的"不景气"印象。系里有一位刚从国外归来的姓王的农业化学教授，他热心辅导学生，讲课妙趣横生，真正反映出当时科学的先进水平。王教授给学生们开了几门课，不厌其烦地辅导这四个学生，引导他们建立起为绿色世界奋斗一生的信念。学生们只有一个实验室，王教授安排他们轮流进行实验。白天，彭加木总是等到别的同学做完实验，自己才走进实验室，一搞就是通宵。生物化学需要有大量的标本、实物，彭加木常常一个人跑到几十里外的乡村和山间搜集生物样品。他把搜集到的各种花卉、植物、动物认真地制成标本，然后送交实验室。

彭加木在学校读书，似有使不尽的精力。他总爱把课余时间用于体育、音乐、艺术学习或旅行，以开扩眼界，陶冶性情。夏天，他常去嘉陵江游泳、晒太阳。江边有个渡口，摆船的老艄公同彭加木混熟了，经常同他摆"龙门阵"，闲话嘉陵江的风云变幻。借老艄公的指点，他熟悉了这一带的河滩、暗礁、水势。一天，老人把他送到一个江心岛上，他一看到美丽的贝壳和色彩斑斓的鹅卵石，立刻被吸引住了。他兴致勃勃地蹲下身来，聚精会神地拣着，拣得着了迷。江水渐渐浸上岛来，浸湿了他的衣服，他还舍不得离去。直到江水漫过江心岛，他才举着湿淋淋的衣服游回岸边。从那以后，这里便成了他的"乐园"。他迷上了小岛。对大自然的酷爱，使他童心再现：他在这里聚沙堆塔，摆弄河蚌、贝壳。他在岛上任烈日暴晒，随大雨狂浇。闲时，他还有一种独特的嗜好，到学校附近的松林里捕捉家雀、蚂蚱，拿到江心岛上点着火烧熟，然后美餐一顿。彭加木惬意极了，这真是天赐的口福！

有一次，他正躺在江心岛上独自遐想，忽听学校方向传来一阵急促刺耳的警笛声。他匆忙赶回学校一看，原来是一帮军警和同学们发生了冲突。学生要求抗日救国，却遭到反动政府的弹压。农业化学系的同学夏荣基慷慨激昂地在一大群学生中发表演说，竟被军警扭住。这位同学读书很勤奋，每天还要抽一定时间做工养活从敌占区来的母亲和妻儿。彭加木一向钦佩夏荣基，眼看他就要被抓走，便不顾一切地冲进人群，冷不防用身子把军警撞开。夏荣基乘机闪进人群中，在其他同学的掩护下脱了险。此后，彭加木常到夏荣基家里送吃食、衣物，关照他一家。

1945年，是中国人民抗日战争的关键年头。熬过艰苦漫长的战争岁月的人们，谁不盼望收复失地,光复祖国,重振中华呀!这一年的8月14日,在中国人民的沉重打击下,在斯大林指挥的苏联红军出兵东北,日军陷于绝境的情况下,日本法西斯走投无路,宣布无条件投降了。

那时候的重庆,充满光明与黑暗、正义与邪恶的斗争,人民沉浸在胜利的喜悦之中,重新看到了希望;少数人却居心叵测,在暗中策划着新的阴谋。从欢乐中冷静下来之后,彭加木的心情是矛盾的。抗战胜利了,他不再感到做亡国奴的耻辱和压抑,他重新觉得自己是个堂堂正正的中国人!但同时也感到有些茫然:祖国这条大船又启航了,但是,它的目标是哪里呢?

8月28日,传来一个振奋人心的消息:从遥远的黄土高原,飞来了一位传奇式的人物——中国共产党的毛泽东。他不顾个人安危,毅然飞来重庆,同国民党当局进行和平谈判,受到重庆各界人士的热烈欢迎。人民赞扬毛泽东的行动是"一身而系天下之安危"。他的到来,使久盼光明的山城人民看到了"民主中国的曙光"。

国共两党进行了43天的谈判,终于签订了"双十协定"。但是,"协定"墨迹未干,国民党发动反革命内战的气焰又甚嚣尘上。就在谈判期间,蒋介石密令多路军队进犯解放区,人民又重新感到了战争的威胁。重庆的各进步团体纷纷组织起来,成立了反内战联合会,工人、商人、学生及一切纳税人用罢工、罢市、罢课及拒绝纳税等行动来制止内战,人们喊出了"谁要发动内战,谁就是全国人民的公敌"的响亮口号。

1946年2月10日,重庆各界人民在校场口召开庆祝政治协商会议成功大会。一向自我标榜为"三民主义"信徒的蒋介石,竟连这样一点起码的民主权利也不给予人民。大会刚一开始,就遭到国民党特务、流氓的捣乱破坏,打伤郭沫若、李公朴及新闻记者等60多人,制造了震惊中外的"校场口血案"。

校场口的鲜血擦亮了许多人的眼睛,也促使年轻的彭加木对国家命运进一步深思，对自己的政治信仰作出抉择。早年的流亡生活，曾使他感到前程渺茫。他渴望自己的祖国能自立于世界民族之林，却又对现实悲观失望，看不到出路。毛泽东亲临重庆谈判，使彭加木感到共产党人有一种大无畏的英雄气概。从共产党人身上，他真正看到了中国的希望。共产党人为了民族安危，将自己生死置之度外，而国民党政府为什么不以民族大义为重，却处处与共产党为敌呢？他对比着、思索着、观察着，开始从自己的体验中寻找答案。

又是一个雾濛濛的日子，山城的浓雾像烟瘴一样使人感到窒息。那一天，重庆几所大学的学生联合向国民党政府请愿，要求停止内战，实现和平。

请愿队伍浩浩荡荡地向市区前进，口号声此起彼落。彭加木背着水壶，走在队伍中间。他手中举着纸旗，上书"和平"二字。同几年前相比，现在，他已经长成一个英武强壮、个头高大的汉子。

队伍行进到嘉陵江畔一座苍翠葱茏的山下，停下来小憩。路两旁，有几家生意不怎么兴隆的茶馆和烟铺。彭加木和一部分同学在街沿边坐下。

山坡上，有一幢三层楼的建筑物。这里，就是红岩村——八路军驻渝办事处。它和另一个被称为"周公馆"的曾家岩 50 号一样，是重庆闪耀着光芒的两盏明灯。山城人民对于这两个地方，有着各种各样神秘的传说。彭加木刚到重庆那阵，就听人说过这两个地方，也听到别人讲述过那位"周公"的风采。可是，他无缘巧遇。现在，坡上不远就是那个神奇的去处，那个众口传说的伟大人物就在里面工作。彭加木的敬慕之情油然而生，忍不住起身翘首向山上张望起来。

这时，山上走下几个人来，走在前面的，是一个气宇轩昂、步履敏捷的中年人。他微微笑着，大步向学生们走来。

"周先生！"不知是谁惊奇地叫了一声。

听到这叫声，学生们纷纷拥上前去，握住了周先生的手，向他问好。

彭加木从惊诧中醒来，他顿时明白，这就是那位被山城广大人民争相传颂、而使另一些人为之胆寒的共产党代表！他按捺不住自己的喜悦，忙从人群中挤上去，握住了周先生的手。

这是一双多么温暖、有力的手啊！一股热流从这位睿智、慈祥的长者手上传遍了彭加木全身，沟通了他们之间的感情。在重庆谈判的日子里，周恩来陪同毛泽东一起出席招待会、报告会，一时成了山城的新闻中心。彭加木曾经幻想能有机会瞻仰他们的风采。他甚至幻想，他走在路上，突然这两位伟人会出现在眼前……

这不，幻想变成了现实，周恩来正站在他的面前，而且同他紧握着手!

周恩来炯炯的目光在学生们激动的脸上扫过，目光中饱含着期望、信任和热情。

"周先生、周先生……"

彭加木有许多话想要说，可是一句也说不出来。他的心剧烈地跳动着，眼睁睁地望着周恩来清癯的面颊和闪烁着智慧之光的双眼，半响，才吐出一句:"忘不了，忘不了今天……"周恩来颔首微笑着说:"我也忘不了爱国的同学们，你们是国家的希望!"

他被同学们簇拥着踏上街沿，他回过身来，环顾人群，声音高亢地说道:

"校场口的血不会白流，同学们奋起救国就是证明。可能还得流血。但是，嗜血者必流血，玩火者必自焚。倘若我们再相会，请相信和平永远属于人民!"

周先生的话虽不多，却掷地有声，正气凛然。字字句句，都在彭加木心中引起了巨大的震动。他来到世界上已经 22 个年头了，还是第一次听到一个伟大人物对中国、对人民前途作出这样鼓舞人心的预言。这是中国的福音! 目送着周先生步下街沿，乘车离去，彭加木耳边还回荡着那洪钟般的声音:

"和平永远属于人民!"

这次偶然相逢，使彭加木觉得眼前豁然明亮起来，他看到了祖国的未来，他心中升起了希望，他深深感到:一个人在这个世界上，应尽到自己的社会责任。可是，自己做了些什么呢? 彭加木陷入了长时间的思索之中。他很少去江心岛了，也很少找同学聊天了，校园附近那片茂密的松林，成了他活动的新天地。

一有空暇，他就独自去那儿散步沉思。

有人注意到了他，一个比他年长两三岁的同学，常到松林里有意接近彭加木，并推心置腹地告诫他："沉思是需要的，但有志者不应停留于沉思，总得振作、奋发、行动，才有出路。"

彭加木不知怎样回答，他问那位同学："祖国养育了我们，可我们应该为祖国做些什么呢？"

"做工、务农、打仗、经商、教书，这都要青年人担当啊！"

那位同学珍惜地从怀里掏出一本书来送给彭加木。这是一本被当局列在"查禁"之列的书，封面已经磨损，看来不知传过多少人的手。封面的字还依稀可辨：《大众哲学》，艾思奇著。彭加木感到很新奇，他知道康德和黑格尔，也知道老子和孔子，但对于"艾思奇"这个名字却是陌生的。他历来认为，哲学这种深奥抽象的科学，是社会学家们研究探讨的事，谁想到做工、务农的劳苦大众也能学哲学！

彭加木怀着迫不及待的心情，把书带回宿舍。由于怕被人发现，他耐着性子等到晚上，放下蚊帐，才悄悄地读起来。这本书竟有那么大的吸引力，它紧紧抓住了彭加木的心，使得他手不释卷地读下去。书页一篇一篇地翻过，时间一分一秒地逝去。夜深了，他毫无倦意。宿舍里熄了灯，他就悄悄跑到室外，借着皎洁的月光阅读。多新鲜的见解啊！大众有哲学，大众要用哲学改造世界，大众是改变社会的力量，大众有光明的未来……彭加木感到自己在一夜之间充实起来，许多百思不解的问题在这本书中找到了答案。他异常兴奋。是啊，这样实实在在、精辟透彻的真理，与当时世界上风行的康德、黑格尔的思想比起来，是多么不一样啊！

彭加木看了一夜，有很多感受。第二天，他一早就赶到松林里去，想找那位同学谈谈自己读书的感想。可是，一天过去了，两天过去了，连着等了好几天，也不见那人的影子。他是谁？他到哪里去了呢？彭加木不觉有些惆怅起来。好人啊，你把一盏灯给了我，自己却消失了……

乾坤中国

→ 瑞世鼎轴

★★★★★

做流亡学生的日子终于结束了。中央大学要从重庆迁回原校址南京四牌楼。彭加木和同学们乘坐轮船，沿着九曲长江东下。

船刚到汉口，他就接到大哥来信。在家乡待了六七年的彭浙，抗战胜利后重新申请去美国留学，得到批准，他希望弟弟设法回槎头一趟，临别前弟兄俩再见一面。

当时，铁路运输很不正常，加上国民党接收大员和要人显贵们，纷纷忙着接收运送自家的"战利品"，车船都很紧张。彭加木好不容易买到一张去广东的车票。这时候，恰好有一位同学也有急事要回广东，正为买不到票而心急火燎。彭加木见此情景，二话没说，把车票塞给了那个同学，只托他带一封信给大哥，祝兄长学业早成，有朝一日，回归祖国，再作欢聚。那位同学拿着来之不易的车票，望着彭加木，想说点感激的话，彭加木却微笑着和他告别，忙着去办理另一件重要的事情。

离开重庆时，有人托他带一个书箱到武汉。这箱子的主人，就是过去曾在茂密的松树林相识，送给他《大众哲学》的人。那位朋友外出了，他请人将箱子转给彭加木，并留下了收信人的地址姓名。彭加木想知道箱子里装了些什么书，人家悄悄告诉他，里面有中国共产党的《延安整风文献》和马克思的《资本论》等等。彭加木这才明白，原来松林里结识的朋友，是这样一位平常而又不平凡的人物！他十分感谢和珍视朋友对自己的信任和重托，一路上格外小心，生怕因不慎而露出破绽。他第一次背着人，避开特务的跟踪，按留下的地址把书送到工人住宅区，交给一个工人。那人身材魁伟，油污满手，见了书箱，如获至宝，马上收藏好，然后才握住他的手，热情地说了声："同志，谢谢你！"把他送出门来。

彭加木时常听人说起孙中山的两句话："革命尚未成功，同志仍须努力。""同志"，是志同道合的人，现在，他第一次听人将自己称为"同志"，心里有一种说不出的愉悦和新鲜的感觉。

一声称呼，引起了彭加木的许多联想，也使他产生了几分懊悔之情。那位收下书箱的工人，对他很热情。然而，却没有更多的问话和嘱托，甚至连他的姓名和职业也没问。彭加木不知道这是地下工作的规矩，只是感到人家同他还没有更多的共同语言，觉察出了自己与"同志"这称呼之间的距离。他参加过进步学生的游行，也曾高呼口号要求停止内战，但那是跟着浩浩荡荡的人流行动的。在重庆三年，他学会了很多东西，认清了忠贞与邪恶，他懂得了人生的价值，他看到了希望和前途，但是，他始终没有抓住那根能把自己引向光明之路的红线。他开始埋怨自己。他渴望能有机会找到那根红线，缩短自己与"同志"之间的距离，以弥补生命中的缺憾。

1947年，彭加木在中央大学毕业了。毕业实验的题目是：在黄豆芽萌发期间酶的作用。酶，旧称"酵素"，是一种蛋白质。正是由于它的催化能力，生物体内才能发生化学变化。如果没有酶的作用，生命过程就会中止。酶的研究，对于生命本质的了解、疾病的诊断和治疗以及工农业生产都有重大意义。彭加木选择了这个研究题目，导师王教授给予他热心的指导。实验是成功的，论文是值得称道的。当彭加木看到老师给予的"优秀"评语时，突然产生一种奇异的想法：社会生活中也有这样一种"酶"，它能催人猛醒，使人奋发，促进社会兴旺，为人类造成一种蓬蓬勃勃的生机。他多想找到这种"酶"呀！

毕业后，彭加木到北京大学当了一年助教。一天，彭加木曾经营救过的同学夏荣基找到了他。两人久别重逢，分外亲热。彭加木拉住老同学的手，问长问短。从谈话中得知，夏荣基大学毕业后，到台湾一家糖厂工作。那时，正是第三次国内革命战争激战的时刻，眼看国民党政府内外交困，败局已定，达官要人们争先恐后地做"狡兔三窟"的准备，台湾一片混乱。夏荣基无法生存下去，只好回到大陆，另谋生路。彭加木不忍看到他失业，一家人陷入生活无着的困境，便毅然将自己的职位让给了他。

彭加木从北平辗转到了上海，在旧日一位老师的举荐下，进了中央研究院生物医学研究所。

所谓"中央研究院",实在是徒有虚名。本来,国民党政府就从不曾提供过足够的经费供科学工作者从事研究,科学家们从来没有得到过任何可靠的保障。如今,眼看人民解放军就要打到上海,官僚们亡命挣扎,更顾不上过问"中央研究院"了。为了度过难关,科学家们自发地组织起自救组织,彭加木也参加了这一组织。虽说是处于困难时刻,但他的心里却感到激动和欢欣,他想起了周恩来说的话,他知道,和平属于人民的那一天快要到来了。

1949年4月,"钟山风雨起苍黄,百万雄师过大江"。23日,鲜艳的红旗插上了南京伪总统府,压迫中国人民二十多年的国民党反动政府被推翻了。

5月27日,上海解放,我国最大的工业城市从此获得了新生。

在刚解放的日子里,有一个共产党人的名字,对许多上海人产生了一种巨大的魅力。只要说到他,人们就会津津有味地谈起江南江北新四军的赫赫战功,谈起这人的文才武略。无论是资本家,还是劳苦工人,无论是学者名流,还是老妪孺子,都从有关他的传说中感到一种神圣的、不可名状的神秘力量。他,就是新任上海市长陈毅。

那一天,陈毅在科学家汇集的研究院作报告。大礼堂里坐满了人。这里有头发花白、胸前飘髯的老人,也有初出茅庐的青年科学工作者。望着眼前这位身经百战的将军,彭加木想起当年见到的周恩来副主席,他那轩昂的气宇和炯炯的目光,给彭加木留下了深刻的印象。而现在见到的这一位,言语豪爽,谈吐潇洒,另是一番风度。

"共产党是欢迎圣人的。你们是新中国发达、富裕、强盛的力量。国民党说共产党共产共妻,焚书坑儒。共产党并没有杀我,还让我带兵打仗,又做了上海市长。你们看共产党哪有一点龇牙咧嘴、血口红毛的样子?共产党是为人民谋利益的。共产党也乐意同知识分子结交友谊,不会比历史上传说的任何这类佳话逊色……"

陈毅将军声若洪钟,滔滔不绝,句句话激荡着彭加木的心。将军给科学家们讲了这样一个故事:有一个交通大学学生,因为参加学运,在国民党统治区呆不下去了,投军在将军麾下的炮兵部队。他体质很弱,行军时常常跟不上队伍,战士们就背着他走。他没有打过枪,却时常出入战壕,奔走前沿和后方,协助部队测量地形,绘制作战地图。由于他的帮助,不少战士也懂得了测量、计算、绘图。在渡江作战前夕一次工事修筑中,他不幸中了流弹,牺牲在长江边。他死时,手里握着的是一把米尺。战士们从他浸满血渍的上衣口袋里找到一张地形图,图上标明了当时作战态势。被鲜血浸红的图纸上,端正地写着一行字："今天的战场，明日的工地。"人们再仔细看那地图，上边有他标注的未来的城市、铁路、工厂……

将军说："战争年代，我们感谢知识分子的献身革命，现在胜利了，我们也预先感谢知识分子，欢迎你们为新中国立功！"

将军讲完了。所有的人都听得入了迷，礼堂里悄然无声。等到大家回过神来热烈鼓掌时，将军已经走下主席台，到听众中间来了。长期的军旅生涯，没有改变他那彬彬有礼的斯文气质，他走到年长的学者中间，恭敬地叫着老师，向他问好；走到年轻的学者中间，他鼓励他们谦恭求学，敢于标新立异，青出于蓝而胜于蓝。将军和蔼可亲，平易近人，既像导师、朋友，又像兄长。彭加木挤过人群，向将军伸出了双手，表达自己仰慕之情。当他紧紧握着将军的手时，猛然想起了当年紧握过的周恩来副主席的大手，想起了他说过的话：

"倘若我们再相会，请相信和平永远属于人民。"

新生活就这样开始了。

1950 年，美帝国主义者发动了对朝鲜的侵略战争，战火烧到了鸭绿江边。唇亡齿寒，中国人民对美帝国主义的侵略，不能置之不理。彭加木热血沸腾，向组织递交了一份申请书，要求参加中国人民志愿军入朝参战。他希望用自己的一腔热血捍卫祖国母亲，补偿过去的缺憾。可是那时，中国科学院华东分院刚刚组建，急需科研人员充实队伍，彭加木只好按照组织的决定，将投笔从戎的愿望埋入心底，接受了到分院工作的命令。

一天，彭加木收到哥哥从美国加利福尼亚大学寄来的一封信，谈到他在那里研究园艺专业的成就。彭浙在信上说，他为弟弟谋得了一次攻读博士学位的机会，希望他及早出国就读。彭加木毫不犹豫地回信向哥哥表示："祖国正百废待兴。我渴望学习，但是，祖国的建设工地离不开我。"他不仅谢绝了哥哥的好意，反而做起哥哥的工作来，希望哥哥及早回到祖国怀抱，参加新中国的建设。他深情地写道："哥哥，你说过三江三水是祖国的血脉，你誓做那曲折回流的江水，现在正是你返回故土，报效祖国的时候。你有园艺专长，我坚信

△ 彭加木在实验室

你一定能为祖国培育出更鲜艳的花草、更香甜的果实……"

不久，周恩来总理发表了对海外同胞的讲话，欢迎海外仁人志士、学者专家、爱国商人回国参加建设。正在旧金山游历的彭浙，立即联络一批华裔学人，联名声明拥护周总理的号召和呼唤，并请准回国。彭浙兴奋地将这一消息告诉弟弟，兄弟俩将永远不会再隔海相望了。

彭浙回国后，被安排到中央农业部工作。临回国前，他搜集了产于美国各地的八十几种葡萄良种，回国后，马上投入了葡萄南移的研究工作，竟无暇与弟弟会面。

彭加木和哥哥的心是相通的，他理解哥哥的心情，他在心里默默地祝愿哥哥早日获得成功。

彭加木在新生活的道路上步子坚定，目标如一。他受到了研究所党支部书记的关怀。这位女书记，是一个从战火中走过来的干部，她有着识人之才。她懂得战斗中战友之间的友爱和信任的重要。有些人对旧中国过来的知识分子怀有戒心，人为地保持着一段距离，她却没有任何忌讳，同知识分子交上了朋友。她深深懂得绝大多数知识分子对新社会、新生活的热烈向往和热诚工作的愿望。女书记像大姐姐一样，同彭加木谈生活，谈工作，回顾过去，畅想未来。她常向彭加木讲起党的历史，讲起许多忠勇的共产党人的事迹。一次次殷切的谈话，像凿开了一道堤坝，打开了彭加木的心扉。彭加木终于找到了梦寐以求的催人奋发的生命之"酶"，找到了那根把自己引向光明之路的红线。他感到党在浇水、培土、修枝，在扶植他这株幼苗成长。

在人民共和国建立的第三个年头里，彭加木用激动得微微发抖的手，庄重地向党组织递交了一份入党志愿书，上面写着："请审查我，我保证，永远做忠于革命事业的战士，做党的儿子……"

党批准了他的申请。1953 年 10 月 15 日，中国共产党的战斗行列中，又增加了一个新的同志——彭加木。

⊕ 干城首功

★★★★★

彭加木在上海建立了家庭。妻子聪慧贤良，是彭加木在中央大学时的同学，学的也是农业化学。夫妇俩都在科学院工作，志同道合。他们有了个可爱的儿子。

这是个幸福美满的家庭，也是个简单朴素的家庭。室内，没有华丽阔绰的摆设，那一张圆桌和两把椅子，还是彭加木过单身生活时单位给配备的，床上的被子、床单，是这一对夫妻学生时代的旧物。清廉、朴素是那时的风尚，彭加木夫妇同许多人一样，无心去为小家庭的经营而忙碌。

新中国为科学工作者展示了无限美好的前景。眼下，正是科技工作者发挥才智、大显身手的时候，彭加木无暇照顾自己的家，心中只有"工作"二字。他的研究重点是植物病毒，这项工作，需要进行大量的野外考察。为了适应各种各样的环境，应付各种各样的情况，战胜各种各样的困难，彭加木有意识地对自己进行意志、毅力和体魄锻炼，以便在意想不到的情况发生时，冷热不惧，饥渴能忍，战胜困境。

假日里，他常常独自骑着自行车，带上干粮和一壶水外出远游。上海西郊，有一个静谧澄碧的淀山湖，湖中鱼虾成群，岸边绿荫宜人。彭加木经常往返一百多里，到那里度过一整天。在这儿，他悉心搜集各种标本，领略大自然的美景。他读过神农、李时珍遍尝百草的故事，作为一个生物化学科研工作者，彭加木怀着浓厚的兴趣，尝了许多酸、涩、苦、咸、甜的野草和野果。一有机会，他还冒着风霜雨雪、酷暑严寒去外地体验生活。有一年春节，他只身骑车到太湖旅行，接着又登上莫干山。那天，碰巧山上寺庙里的守门人下山去了，他又下山讨来钥匙，打开寺庙门，一个人在山上住了下来。深山古刹，松柏萧萧，静穆幽深。如果换了旁人，定会感到毛骨悚然，而彭加木却怡然自得。白天，他拿出画笔，画山洞怪石，画云中青松，画寺院里那些龇牙咧嘴的小鬼判官。绘画为他的旅行生活增添了不少的情趣和浪漫色彩。

彭加木的格言是："到大自然中去寻找困难。大自然会教会你不屈的意志、顽强的生活能力以及丰富的智慧。"他的这种体验，是他自己从长途跋涉、野外生活中总结出来的。他的生活信条是："不屈，逆境中也要搏斗。"他常对人说：在飘散着幽香的花间小蹊散步，当然是令人陶醉的，但是，在猢狲攀援的山路，虎狼跨越的沟涧攀登腾越，却能使人产生勇气和力量。科学工作者要敢于踏着饿虎猛狮的道路发现珍宝。

1956 年来到了。一天，科学院的领导告诉彭加木，上级要派一个同志去国外进修，领导研究认为他去比较合适。

这是彭加木第二次得到出国机会了。出国学习，开阔眼界，是很多人梦寐以求的事情。彭加木当然也盼望有机会深造一番。但是，他想到国内生化领域还有很多空白急需填补，还有不少的工作等着他去做时，他犹豫了。

领导问他："你怎么了，难道还拿不定主意？"

他拿定了主意。他向领导汇报了自己的想法："出国学习的任务很重要，也很有吸引力。可是，国内也有很多事情急待着去做。还是让我留在国内工作吧。我们在国内做好了工作，对出国学习的同志也是一种鼓舞和支持。"

多么坦荡的胸怀，多么高尚的情操啊！领导同志为彭加木发自肺腑的话所打动了，经过再次研究，组织上改派另一位同志出国了。

这一年，在党中央召开的知识分子问题会议上，毛泽东主席发出了为迅速赶上世界先进科学水平而奋斗的号召。周恩来总理直接领导制定了我国第一个12年科学规划。在这个宏伟的规划中，有一项是对全国自然资源的综合考察。大地、河流、海域、冰川、森林、草原、气象、水文、矿产、生物等等，都是国民经济建设的物质基础。这些方面，旧中国留下来的，几乎是一张白纸，人们对于祖国的许多资源几乎还是一无所知。青藏高原、喜马拉雅山、西双版纳、鄂西北大森、新疆和内蒙古的大沙漠，都有一些神秘的、令人不解的大自然之谜。为了唤醒大自然，让沉睡亿万年的宝藏为社会主义祖国出力，国家成立了中国科学院综合考察委员会，科学院副院长、我国著名的气象、地理学家竺可桢被任命为委员会主任，全国近百个科研单位的成千上万名科研人员组成了一支浩浩荡荡的科学考察大军。一个探索大自然奥秘，绘制960万平方公里国土建设蓝图的伟大工程开始了。

彭加木连着好几个晚上彻夜不眠，他在思索自己的前进道路。多年来，他有个搜集地图的习惯，这些地图中，有报纸那样大的，也有巴掌那样小的，有明清时代一些乡土县志的木刻版图，也有现代最精致的卫星图片。此时此刻，他怀着激动的心情，打开那些地图，图上的各种注记和符号，在他心目中变成了逶迤蜿蜒的江河，碧波荡漾的湖泊，莽莽苍苍的峻岭，黄沙弥漫的沙漠……

他心里渴望着走遍祖国万里河山，到大自然中去显一番身手，他尤其喜欢到那些人迹罕至的去处。那些地方，在科学上大多还是未开垦的处女地。彭加木懂得，科学研究需要有人从那些未被开垦的、荒僻的地方做起，而希望也往往就在那里。

他激动地写了两封信，一封交给生理生化研究所党组织，一封寄给中国科学院院长郭沫若。他在给郭沫若院长的信中倾吐了自己炽热的衷肠："……我志愿到边疆去，这是夙愿。我的科学知识比较广泛，体格坚强。面对着困难，我能挺直身子，倔强地抬起头来，往前看。我具有从荒野中踏出一条道路的勇气……"

很快，郭沫若院长把彭加木的信转给了竺可桢主任。领导上满足了彭加木的愿望，他成了中国科学院综合考察委员会的一名工作人员。

彭加木即将踏上新的征途。他放下了正在写作的论文，离开了实验室，整装待发。有人听说后困惑不解，好心劝他，何必放弃现成的科研题目不搞，却要舍近求远、弃轻就重呢？

也有人说他是"自讨苦吃"。对于这些，他都一笑置之。他盼望的是战斗，而不是享福，他相信，自己的工作会作出回答的。

回到家里，他怀着深深的感情，吻了吻儿子和出世不久的小女儿，同妻子告别。随后，他匆匆背上简单的行囊，随中国科学院考察队向云南进发了。

考察队深入到云南西双版纳的原始森林里，餐风宿露，奔波忙碌了一个月，作了一系列的考察，收获不小。彭加木和同志们在傣族村寨里采集到一种具有重要价值的昆虫标本——紫胶虫。这种昆虫分泌出的紫胶，是工业器材上的涂料、电绝缘体、橡胶填充剂和防湿剂的重要原料。另外，他还发现了一些可以提取芳香油的植物。

在考察过程中，彭加木同边疆的山山水水，同边疆人民结下了深厚的友谊。他协助云南科研部门筹建了一个生物化学实验室，使那里的生物化学研究工作很快地开展起来。

彭加木第一次出征，就向党呈献了自己的科研成果。他向党组织写了一封汇报信，信中说道：

党领导的一切工作都是革命工作，都是重要的光荣的岗位。我愿做一个开拓者。我希望像一个建筑工人，自己住着简陋的工棚，等到新屋盖好，他们又到别的地方去了。我又希望像筑路工人，他们铺路，自己却不一定走这条路。建筑工人，筑路工人，默默无闻地做一些专门利人的工作。我参加资源考察，也只是探了一条路，或许只是在路上立了几根路标，架上了几根细小的木头。但是，后来者就会沿着路标，踩着路石，开辟出康庄大道，建设起巨大的桥梁。我愿一辈子做这样的铺路石、架桥木，让后来者踏在自己的背上走过去……

他想起自己的名字"家睦"。长辈给他起这个名字，为的是求得"举家和睦"，现在，时代变化，他已经成为一名光荣的中国共产党党员，共产党员岂能囿于个人的小家庭！他决定把自己的名字改为"加木"。"加木"合起来就是一个"架"字，他决意要为上海与边疆的科学事业之间架设桥梁。他要献身边疆的科学事业，为边疆建设添一砖一石一木。

➡ 英姿不屈

★★★★★

考察队的下一个目的地是新疆。新疆在距上海很远很远的地方。彭加木早在小时候听老先生讲起张骞通西域、班超投笔从戎的历史故事时，就知道这块地方了。那莽莽昆仑、巍巍天山、金色的阿尔泰，都吸引着他，他怀着创业立功的愿望，同竺可桢副院长一起，西出阳关，沿着古代"丝绸之路"，向新疆进发。

那时候，通往新疆的铁路还没有铺到乌鲁木齐。沿着河西走廊那段漫漫长路到新疆，要坐十来天的汽车。沿途，他们要自己找水，生火做饭，搭起帐篷夜宿。越往西走，大地越见荒凉。地图上标明的许多井、泉、湖早已干涸。同内地相比，这里又是一番景象。这里没有熙熙攘攘的人群，没有繁华的街道，很难看到绿色的植物，漠漠平沙统治了这里的一切。大风扬起，飞沙走石，搅得天昏地暗。传说当年清军将领左宗棠在去伊犁道中，命人沿途栽柳布荫，后人称为"左公柳"。可是现在，荒漠之中，哪里还看得见柳树的踪影！新疆这块地方，到处都有类似的沧桑之变。

对彭加木来说，这里的一切，都充满着令人激动的神秘感。他一踏上新疆的土地，立刻就被这里的大自然所诱惑，所陶醉了。

考察队进入阿尔泰山区。终年白雪皑皑的山头，掩映着苍翠茂密的原始森林。有史以来，这里第一次驻扎下一个中国的科学考察队。阿尔泰，是蒙古语"金子"的意思。这里以蕴藏金矿而闻名。考察队的马蹄声响，惊醒了森林，惊醒了雪山，惊醒了埋藏在地下的矿藏……

考察队员们骑着马，在原始森林里走了好几天。他们来阿尔泰山的重要任务之一，是要查明具有重要经济价值的红松林资源情况。组织上将这一任务交给了彭加木。红松，是一种古老而稀有的树种，也是化工生产的一种重要原料。国家需要科学家们尽快找到红松林，让它早日发挥自己的作用。

阿尔泰林区山高、多雨、潮湿、阴冷，即使盛夏，也显得阴沉沉的，使人发闷、心烦。刚到这里的头几天，彭加木就觉得身体不舒服，很容易疲劳。一方水土养一方人，从南国水乡来到北国山地，一时不服水土，也是常有的事。他不在意。又过了几天，这种感觉不见减轻，反倒加重了。他不思饮食，野果野味放在嘴里，怎么也不如过去尝到的那样鲜嫩、适口。他本来是个健谈的人，同他结伴在野外工作的同志，都愿和他在一起谈古论今、说南道北。可是现在，同伴们发现他言谈少了，一路上，再也听不到他那诙谐的话语。考察队有一位刚从部队转业的同志。往日，彭加木同他掰过手腕，还进行过70公斤的举重比赛。眼下，那位同志打马扬鞭，边跑边对彭加木喊道："溜溜，来！"要同他赛赛马术。彭加木却无力扬起手中的鞭子，只好歉意地摇摇头。那位同志勒马回身，惊奇地问道："你怎么了？有病了吗？"彭加木苦笑着，连说话的气力都没有了。

不久前，在昆明的一次体格检查中，医生皱着眉头告诉彭加木："你的心脏有问题。"他听后却满不在乎，反觉得这医生是大惊小怪。当时，由于工作紧张，他等不得确诊，就转战到新疆了。想不到才来几天，身体就有了明显的不适，难道自己真的病了？

晚上，考察队支起帐篷，在荒野安营。在这海拔很高的山地里，夜间山风瑟瑟，气温很低，彭加木突然感到寒气透心，浑身打起哆嗦来。他索性起身去替换站岗守夜的同志，借此多走动走动，以增加一点热量。

彭加木在阿尔泰山区又坚持工作了一段时间。他越来越感到体力不支，胸口窒闷，行路艰难，晚上睡下就咳嗽、气喘。有时实在闷得憋不住，他就一个人躺在山岗后呻吟几声。这时，他才体会到医生的话的分量了。然而，彭加木不是在病魔的威胁下就失去抗争意志的人，他挺住了。他把疾病折磨的痛苦埋在心里，强撑着身体，以顽强的意志，继续进行考察工作。

对阿尔泰的科学考察取得了令人满意的成果。彭加木在当地哈萨克族人民的帮助下，终于找到了一片红松林，采集了珍贵的样品。其他同志，有的捕捉到了珍禽异兽，有的发现了奇花异草。科学考察队带着大批标本实物满载而归。

1957年初，竺可桢副院长带着一部分人奔赴海南岛，进行热带、亚热带植物资源考察工作。彭加木又一次隐瞒了自己的病情，请求与竺副院长同行。竺可桢见他意志坚强，勤恳热情，又有组织能力，便把他留在自己身边，兼做些管理工作。在去海南岛的路上，在考察的日子里，彭加木不顾自己带病的身子，总是拣最艰苦、最重的事干。一天傍晚，他完成外出押车任务后回到营地，同志们发现他的脸有些浮肿，而且发暗发黑，就劝他赶快休息。他却开着玩笑谢绝了："没有什么，只是有些劳累，好在还在'弹性限度'内，可以抗过去！"

在海南岛的日日夜夜，他对森林资源进行了认真的调查研究，并将研究的成果写成文字，向组织上提出了一系列开发利用的建议。工作使人着迷，胜利的喜悦能令人忘却忧患和疾痛。彭加木专心致力于祖国富饶的自然资源考察，却完全不顾自己病情逐渐加重的身体。海南岛的工作告一段落后，竺可桢副院长带领考察队回到广州。一天晚上，同志们在一家饭店聚餐。大家情绪很高，不免喝酒助兴。突然间，同桌的人发现彭加木脸色蜡黄，眼神呆痴，大家急忙上前关照。

彭加木呆呆地望着同志们，半晌，才困难地憋出一句话：

"不要紧……"

他咬紧牙关，扶着桌子起身退席。谁料刚走了两步，他就觉得一阵昏厥，头晕，恶心，心像被一把钳子夹着似的绞痛。他忙用手捂住胸部，不想两腿发软，失去依靠，扑通一声，摔倒在地板上……

同志们立即把彭加木送进医院急救。之后，又送他回上海，住进了中山医院。党组织对彭加木十分关心，决定尽一切努力抢救。有经验的医生们都赶来会诊。病人呼吸困难，脸部浮肿，眼球突出，颈部和左胸静脉曲张，舒张压比正常人高出一倍多。经检查，发现在他的心脏与食道之间，长了一个比拳头还大的恶性肿瘤。

50 年代，医学界对肿瘤的研究是十分有限的，恶性肿瘤往往被人看作是"不治之症"。面对彭加木严重的病情，连有着丰富临床经验的老医生也皱紧了眉头。

医院把彭加木的妻子请来。她一看到医生严肃而又沉重的表情，立刻预感到有什么不幸的事要降临，她的心狂跳起来。医生沉吟半天，试图使她镇定，并想借助她去安抚那个生死未卜的重症患者。

"彭加木是一位坚强的同志，希望你也坚强。"医生劝慰彭加木的妻子，然而这越发增加了她的惊恐不安，她更加急于想知道医院对自己丈夫的诊断结果。"我们正在尽最大的努力抢救。当然，也不是完全没有希望……你要坚强些。他需要你的关心，我们需要你的配合……我们不得不作最坏的思想准备……现在，我们都要设法减轻他的痛苦……"从不轻易动感情的老医生，说着说着眼角也湿润了。

彭加木的妻子完全明白了医生话中的含义。沉重的打击立即使她失去了自制，两只盈满泪水的眼睛显得呆滞了。她怔怔地坐在医院的办公室里，没有再问什么。是啊，此时此刻，还有什么值得再问的呢！

她与彭加木一起生活了许多年，她的心中，充满了对美好未来的憧憬。她的丈夫和许多有为的科学工作者一样，正处在龙腾虎跃的盛年。她怎么也想不到，无情的病魔竟会降临到这个充满活力的人的身上！她也是一个从事生物化学研究的科学工作者，她懂得，植物病毒能使绿色的生命慢慢萎缩、干枯、失去活力，以致死亡。人体的恶性肿瘤，也是使人消瘦、慢慢耗尽生命的死神。现在，死神降临了，来到了彭加木的身边，向他伸出了魔爪！

彭加木的妻子从恍惚中醒来，强忍住泪水回到家中。两岁的女儿跟着四岁的哥哥，缠着妈妈，要找爸爸，这时，做母亲的心都要碎了，她哽咽着对孩子们说：

"爸爸累了，他在医院休息……"

彭加木躺在病床上，同志们怀着沉重的心情纷纷赶来看望他。从众多探视者的眼神里，彭加木觉察出了什么，他不免心生疑窦："为什么大家尽说宽心话，丝毫不触及我的病情？难道说，我真的到了最后时刻？"

彭加木的疑心与日俱增。他暗暗观察着。渐渐地，他哮喘得厉害，一点也不能平卧，一躺下就咳嗽不止，气管和食管像被什么东西塞住了，呼吸困难，咽不下食物。

医生给他注射有毒的氮芥类针剂，结合作深度 X 光照射治疗。这是当时医学界治疗癌症的普遍方法，疗效难以预卜，剧烈痛苦的反应却是必然的。彭加木平日里也翻翻医书，了解一些病理知识。他从医生的治疗方案中，意识到自己患了一种绝症。

"医生，我到底得了什么病？"彭加木想问个明白。

医生吃了一惊，脸上却装着漫不经心的样子，避开彭加木的眼神回答："还没有确诊……"

"医生，请你告诉我，我到底得了什么病？我的身体不是属于我自己的，我得给组织写信，报告我的病情……何况我又不是软弱的人，你说真话，不会吓倒我这种病人……"

人要有诚实的美德。可是医生有时候要对病人隐瞒一些病情，为的是避免给垂危的病人带来致命的打击。然而对彭加木这样的病人，怎么能瞒得过去呢？医生只好含含混混地说：

"你的胸口有一个硬块……硬块的生成有各种各样的原因……"

医生本想说些模棱两可的话搪塞过去，但是，敏感的彭加木已经对自己的病情作出了迅速的判断：

"硬块，是肿瘤吧？"

"硬块就是硬块，有各种不同的生成原因……"医生故意生气地嗔怪他，想使病人排除心中的疑惑。可是，这一切都是徒劳的，彭加木越发肯定了自己的判断。刚开始，他也有点不知所措，甚至有些绝望。癌症曾经夺去了多少人的生命！他也是人，也不会有非凡的力量抵抗死神的袭击。但是，经过几天的思索后，他慢慢地冷静下来，从痛苦中解脱出来，心中萌发了新的认识：既来之，则安之。要使身体战胜病魔，首先要在精神上迎接死神的挑战！俗话说："心宽体胖"。心宽能除病，也能养性。与其忧心忡忡，加重病情，不如泰然处之，安心调养，体内也许会自然生成一种抵抗力量，使病情转危为安。

他躺在病床上，面对绝症想到了三种可能。第一种，和医生配合，以顽强的意志和疾病作斗争，也许会创造战胜癌症的特例。第二种，一般癌症，总是好一阵，坏一阵，循环多次。坏的时候，注意休息，好的时候，加倍工作。最好能争取机会，仍然到边疆，把未完的工作进行下去，直到呼吸停止。第三种，病情恶化，失去生活自理能力。这是最糟糕的了。但是，即使如此，也要多拖一些日子，在病床上，为党、为边疆科技事业多做些工作。他暗自给自己鼓劲：保尔·柯察金、吴运铎、高士其等许多著名人物，不也是靠坚强的革命毅力和病魔作斗争而生存下来，而且为人民作出贡献的么！难道自己就甘当懦夫吗？

彭加木顽强地忍受着一切痛苦，配合医生治疗。强烈的 X 光照射，使他反胃、呕吐。但他吃了吐，吐了再吃，强迫自己进食。医生给他开了大剂量的难以咽下的治癌药物，他从不拒绝，从不使医生、护士为难。

有一天，彭加木突然发起高烧。这是一个不祥的征兆。医院赶紧把他所在单位的领导和他的亲属找来，请他们守候在病人的身边，并把彭加木从大病房移置到具有特殊设备的小病房"隔离"。亲友们都明白，这预示着危重病人的最后时刻到来了。小房间里住着的另外一个肝癌患者，不几天就去世了。大家都为彭加木担心，怕这刺激会使他的病情恶化。但他却神情自如，甚至还撑持着衰弱的病体，安慰死者的亲属。

最后的时刻并没有到来。死神在战士面前屈服了，彭加木又顽强地活了下来。对于一个意志坚强的人来说，死神的力量有时也是有限的。

彭加木不愿离开使人眷恋的事业和同志，在死神面前，他想的仍然是工作，想的是死前的战斗。他宁愿像许多人那样，死在工作岗位上，死在疆场。他躺在隔离室的病床上，心却飞向遥远的边疆。他抬起颤抖的手，拿起笔来写信，寄往云南、新疆、海南岛，慰问那些还在日夜奋战的战友们，同他们交流学术见解，商谈边疆科学事业建设的有关问题。他惦记着新疆正在筹建的化学研究所，云南办的一个青年化学学习班，他还在想着为他们购买仪器，联系讲课人，安排实习……不足两平方米的病床，却连着祖国的四面八方！

上海三四月的天空，像吴淞口外的海面一样碧蓝。百花烂漫的春天来到医院，彭加木也觉得自己增加了几分生命的活力。他凭窗远眺，窗外盛开着鲜花，彩蝶在花间飞舞。看着这优美的景色，他的心又飞到了边疆：海南岛的木棉花红了吗？春城昆明的绿柳又换新枝了吧？天山脚下乌鲁木齐的春水该汩汩地流淌了……彭加木病了这么久，心境从来没有这么好过。他心潮起伏，思绪万千，回到床榻前，挥笔写下一首诗：

> 昂藏七尺志常多，
> 改造戈壁竟若何？
> 虎出山林威失恃，
> 岂甘俯首让沉疴！

在医生的悉心治疗下，彭加木顶住疾病的进攻，他的生命出现了奇迹。一段时间过去了，医生用 X 光透视，发现他胸部的肿瘤明显地缩小了。

1957 年 7 月，医生允许彭加木暂时出院，回到家里休息。这时，他体力衰弱，治疗带来了后遗症：健忘，视力减退，血管阻塞，胸部骨头增殖突出。医生要他在上海休养一个时期，恢复体力，并特别叮嘱他要多休息，不得劳累。可是，彭加木那颗跳动的心怎么锁得住，他对边疆建设事业的热望又怎么能抑制得了呢？他一出院，就给竺可桢副院长呈上了一份报告，要求立即归队工作。他写道：

医生们认为我的病十分险恶，这是我知道的，不过，我是十分乐观的。无论任何严重的疾病或各式各样的困难，都不能摧毁我对工作的信心，我相信必定能获得胜利。为了社会主义事业，为了建设边疆，我希望尽自己的一切力量，能做十分就做十分，能做五分就做五分，能做一点就做一点……

同志们竭力劝阻他，他笑着谢绝了。他觉得疾病同发病地点没有关系，如果留在上海，心中牵挂新疆，反倒多一层心病。倒是到了新疆，那里天高地阔，空气洁净，能够滋润心肺，说不定能使身体健康强壮。他像渴望战斗一样，要求出征，要求过轰轰烈烈的战斗生活。他用这样一首诗来表达自己的心愿：

> 冬去春来物华新，
> 百花齐放草如茵。
> 鬼病缠绵今欲去，
> 抬头西望逐飞尘。

他的恳求热烈诚挚，赤子之心跃然纸上。经过慎重研究，领导上同意了他的请求。1958 年 5 月，他又乘着理想的风帆，兴奋地搭上了从上海开往大西北的列车。

功业彪炳

→ 志在高远

★★★★★

　　列车向着祖国的大西北飞驰。人们从大江南北汇集到列车上。尽管大家有着不同的籍贯，操着不同的口音，但是，只要说一声"到新疆去"，就会很快找到共同的语言，共同的欢乐。彭加木是第二次到新疆了。比起那些刚刚别离父母就长途跋涉、万里西行的青年男女，比起那些从朝鲜前线归来不久就奔赴天山军垦战场的士兵，比起那些从锦绣江南、大河上下的乡村出来，初次到天山南北探望丈夫的妇女，他也算是个"新疆通"了。人们听说他去过新疆，顿时围了上来，好奇地向他提出各种有趣的问题。人们的脸上洋溢着热情，车厢里充满了欢声笑语。

　　自从张骞通西域以来，天山南北这块广袤、丰饶的土地，就以其神奇的魅力，吸引着一代又一代的中华儿女来生息、劳动、创造。立功西域，守边卫国，成为我们中华民族发展史上光辉照人的篇章。新疆在人们心中，就像北京、上海、江浙、湖广那些地方一样，以她特有的风貌，激起人们的爱恋，使人们产生许多美好的幻想和难以抑制的向往之情。

　　彭加木的兴致特别高，他用粤语回答着广东乡亲的问话，用沪语同上海、江浙的旅伴交谈，然后再把他们的谈话内容用普通话"翻译"出来，告诉别的旅客。碰到了这么多志同道合的战友，他高兴极了。"劝君更尽一杯酒，西出阳关无故人。"古代诗人的话不适用了。彭加木禁不住内心的激动，站起来提议："同志们，战友们，来，咱们唱支歌吧！不要紧，管它什么南腔北调，我们的心情是一样的！"

一曲悠扬动人的歌声，回荡在车厢内外：

> 我们新疆好地方，
> 天山南北好牧场。
> 戈壁沙滩变良田，
> 积雪溶化灌农庄。
> 我们美丽的田园，
> 我们可爱的家乡……

这支歌，曾经传遍祖国大地，拨动了许多人的心弦。周恩来总理曾经唱着这支歌，为西出阳关、奔赴边疆的同志壮行。彭加木喜欢这支歌，每当唱起它，他就越发渴望自己也能够像中华民族中许多英武不屈的人物一样，为边疆建设事业奉献出自己的一切。

彭加木到了乌鲁木齐。他在上海带病为筹备中的中国科学院新疆分院订购的图书、仪器和药品，也已经陆续运到。大家都忙着进行基建设计、装配仪器、培训技术人员。彭加木不顾旅途的辛劳，一下车便投入了紧张的战斗。

他在一间狭窄的工棚里工作。这里只有一张床和一把椅子。没有桌子，他就找来一个装仪器的旧箱子代替。创业时期的生活就是这样。和野外工作时两腿一盘，地上一坐，在膝盖上写东西相比，住工棚也算是一种享受了。他和同志们一样，学着吃维吾尔族的饭食。一个馕，一碗茶水，就是一顿饭。幸运时，配上两个苹果、一块瓜，这就使人感到惬意了。这种生活条件，对一个身患重病的人来说，实在是够苛刻的。然而，彭加木不要求丝毫特殊的照顾，也从未对人谈起过自己的病情，好像他从未同死神打过交道似的。

彭加木足足忙了一个月。在他和同志们的努力下，新疆建立起了第一个拥有现代化设备的化学实验室。彭加木费尽了心血，消耗了体力，时时感到头昏眼花，精力不济，但他仍竭力支撑着。

他给上海的科研领导机关写信，动员可能来的同志迅速来边疆参战。他在信中说：

"我极盼陈善明同志来。因为除了我一人力量不足外，我的身体情况也不是十分有把握的。虽然我离沪时已下了最大的决心，一定要把事情搞出来，并准备让我的骨头给新疆的土地里多添一点有机质……"

彭加木肝胆照人，他像是一团火种，点燃起许多人理想的明灯。他要埋骨天山的誓言，激动了许多同志的心，坚定了他们献身边疆的信念。

彭加木在信中提到的陈善明，是他朝夕相处、交谊很深的一位老同事。他们一起听过陈毅市长的讲话，一起熬过一个个彻夜不眠的夜晚，他们身上，都有一股朝气蓬勃的奋斗精神。

在彭加木的鼓动下，早已盼望远征的陈善明，也于1958年到了新疆，同老友共同担负起筹建中国科学院新疆分院的重任。

许多同志同陈善明一样，也陆续来到天山南北。

新疆有浩瀚无垠的大沙漠，流传着不少神话和传奇故事。彭加木常常被同志们讲的那些神话和传说所迷住，被人们美好的愿望所打动，引出无边的遐想。哈萨克族的同志告诉他，准噶尔盆地周围的人民，渴望有一天，云霞落在古尔班通特大沙漠，金针花、红姑娘草种子撒遍大地，流泉潺潺，鲜花盛开，黄沙弥漫的沙漠变成草丰水足的优良牧场。维吾尔族的同志告诉他，塔里木盆地四周的人民盼望重返祖先曾经耕耘的地方，希望寻找到先辈们经营过而后消失在大沙漠之中的"幸福城"。彭加木真想马上踏进沙漠，去探索沙漠的秘密，找出改造沙漠的办法，找到为民造福的财富。

1959年，彭加木背着几个装水的葫芦，同考察队的同志们一起，向着古尔班通古特大沙漠进发了。他们打算进入到沙漠深处50公里的地方。据说那里有连绵不绝、时常移动的沙丘。他们准备踏勘一下，摸清那里的情况，为将来的大规模考察探明路径和制定计划。

彭加木第一次深入大沙漠，什么都感到新奇，但路途的艰难，也是以前没有遇到过的。对于进入沙漠的人，干渴是第一个考验。唇焦口燥，火烧火燎。吸一口气，也像吞咽一把锯子似的疼痛。彭加木抑制着对水的渴望，忍耐着。50公里的沙漠行军，他只饮用了一葫芦水。同伴好奇地问他解渴的方法，他笑着从口袋里掏出几片碎石说："把这玩艺儿含在嘴里，能起到镇渴的精神作用。"

途中，彭加木特别留意采集沙生植物。每当找到一个新的植物品种，他都要亲口尝一尝。有一种梭梭草，结着豆粒大小的味道苦酸的果实，他品尝之后，觉得可以止渴、解饥，便介绍给同志们。有一种芨芨草，他吮了吮，能吸出一点奶汁似的浆液，他十分欣喜，也推荐给同志们尝尝。

白天，大沙漠气温上升得快。早晨太阳一出来，人们就尝到了酷热的滋味。到了中午，沙漠就像一片火海，人像进了一个无边的大蒸笼，无处躲避。彭加木扒开沙漠表层，挖出一道阴凉的浅沟，然后解开外衣，匍匐在沙沟里，让腹部和胸部受到湿沙的浸润，同志们也"如法炮制"，立刻觉得凉爽多了。

彭加木为了探索沙漠的奥秘，顽强地与困难抗争。然而，他毕竟是病体未愈的人，连续的艰苦跋涉，消耗了他的体力，他终于昏倒了。沙原上没有一棵树，彭加木昏昏沉沉地躺在低矮的梭梭草丛中。同志们焦急地照看着他，要把他送出沙漠，他始终不肯。他要坚持体验一下，自己在沙漠中，到底有多大的挣扎图存的能力。他羡慕身边的梭梭草，这种沙生植物对严酷的环境有很强的适应能力。别看它枝干单薄、稀疏，可它的根部却很发达，伸向四面八方。它能在贫瘠干旱的沙漠里，吸取微量的水分和养分，顽强生长。土地给予它的甚少，而它却无畏地抗拒风沙，保护枝下的土地。它是献身大沙漠的志士，是敢向严寒酷暑挑战的士兵。科学家们赐给它一个尊称，叫"先锋植物"。彭加木轻轻地抚摸着梭梭草，希望自己也像这种"先锋植物"一样，能够在严酷的环境中顽强生存。在病情稍有好转之后，他怀着一种特殊的感情，采集了梭梭草的种子，拍摄了梭梭草的照片，然后附上详细的说明文字，寄给在上海的亲朋好友，与他们共勉，希望他们也"要有梭梭草一样的性格"。

　　组织上考虑到彭加木的健康状况，坚决调他回上海。彭加木依依不舍地离别了新疆。临走前，他提出一个请求，希望以后每年能到边疆地区工作几个月，为发展边疆科技事业多做些有益的事情。

　　1960 年，他抱病到陕北参加榆林地区召开的化学防治沙害会议。会议期间，他的体力突然严重衰退，身体左侧行动不便，左眼疼痛难忍。经过入院检查，医生说是由于放射治疗造成的后遗症，血管发生萎缩，左侧上腔静脉阻塞，血液供应不足。在这次检查中，医生发现彭加木体内有少量异常网状细胞，初步诊断，他患有网状细胞瘤。凶恶的癌症第二次向彭加木扑来。医生知道他曾经受过癌症的残酷折磨，怕这新的病情又给他带来痛苦，没敢告诉他。

　　彭加木已不能继续参加会议。他焦急不安,但又无可奈何。有一天，他偶然在护士的病房日志上看到自己的病历，上面的诊断结果使他疑惑了，什么叫"网状细胞瘤"？他不懂。

　　带着疑团，他悄悄来到医院附近一家书店，买了一本《肿瘤病理诊断手册》，打开一看，那上面写着：网状细胞瘤是一种"恶性肿瘤"，是能迅速侵袭全身的一种癌。他又到图书馆查阅有关资料，得知患这种病的人，至多能活三个月……

彭加木是得过癌症的人，"癌症"对他来说，已经失去了恐吓的力量。他经受过死亡的威胁，死亡吓不倒他。不过，这第二次癌症的打击也来得太突然了，他思想上毫无准备。自己的一生，只剩下3个月的期限。3个月，毕竟是太短暂了，3个月才90天，90天只有2000多个小时！就是1小时干10件事，时间也不够用啊。他心情有些沉重，觉得生命匆匆，他为来不及完成计划中的许多工作而感到烦恼。他对组织上派来看望他的同志说：

"我的生命可能不长了，我需要工作。没有做完的事情太多，我活一天就要做一天，把有限的生命献给党的事业。"

同志们本想来劝慰他，他却要同志们不必忧虑。他询问大家的科研进展情况，鼓励他们尽快搞出成果。他将自己未办完的事情一一托付给同志们：抽屉里有尚未发出的信件，那是寄往云南、新疆的，请代为投递；凡有从外地来上海学习、参观的同志，请代为接待；自己已经写成但尚未发表的论文，请帮助寄往学报；过去已发表的关于酶纤维蛋白以及与畜牧有关的病毒研究的几篇论文，不知道还有什么批评性意见没有，请同志们帮助了解搜集，并将情况告诉他。还有，新疆的同志写的论文已看过了，尚未签署意见，请口头转告新疆来人，他祝同志们成功。还有，他整理的新疆科学考察资料，可以寄给有关组织和同志，这些资料或许对他们有用处……还有，医院如果需要解剖尸体，研究癌症病理，那么，他志愿把躯体全部奉献。至于个人，他没有什么可牵挂的。属于他的最后遗产，就是这具躯体了……他把事情托付完，如释重负，心里很坦然，他握着同志们的手，像是感谢，又像是诀别。同志们看他在已经预见得到的死亡威胁面前，仍是这样忠诚无私，这样难忘他所从事的事业，这样难忘他的战友，都感动得流出泪来。

彭加木心中无牵无挂，他回顾了自己的一生，也回顾了自己第一次战胜癌症的情形。他想到，既然自己能取得第一次胜利，为何不能做第二次拼搏呢！静待死亡是没有出路的，还须振奋，还须战斗！他按过去的做法，积极配合医生治疗，从精神上压倒病魔。

时间一天天过去了，彭加木靠着必胜的信念和坚强的毅力熬过了三个月，奇迹又一次出现了，彭加木好像有特殊免疫力似的，又一次战胜了死神。虽然他身体已经相当消瘦，然而生命的活力却依然旺盛。

彭加木是闲不住的人，病刚有好转，他又揣着药物，迫不及待地奔赴边疆。他恨不能同时有几个头脑，有几十只手去加倍工作、思索、创造。他去过许多地方，每到一处考察，他都取得了丰硕的科研成果。他那坚强、奋发、忘我的精神，深深地印在人们的心中。

1964 年春天，彭加木抱病来到罗布洼地进行科学考察。他对罗布泊向往已久。1956 年，他第一次到新疆，因为忙，没有顾得上到罗布洼地。1958 年，他第二次到新疆，提出了考察罗布洼地资源的建议，但也未实现考察的愿望。直到今天，他才如愿以偿。

罗布洼地位于甘肃和新疆交界的地方。自玉门关向西，一去 300 多公里，完全被一片浩瀚的沙漠、盐壳、沼泽、红柳、苇丛所覆盖。环绕着这片洼地，北边是库鲁克塔格山，南边是阿尔金山，西边是天山冲积扇形成的丘陵。发源于天山、昆仑山、阿尔金山和祁连山的塔里木河、孔雀河、车尔臣河、疏勒河等河流，从四面八方汇聚到这里，在洼地的中心潴成一个内陆湖，古代称为"罗布淖尔"。"罗布淖尔"是蒙古语，汉语译为"罗布泊"，意为"许多水汇聚成的湖泊"。一百多年前，罗布泊浩瀚无垠，湖面最宽阔的时候，达到 2570 多平方公里，相当于我国第一大淡水湖——鄱阳湖的一半。那时，罗布泊鱼凫嬉游，一派水乡泽国景象。可惜，随着塔里木河、孔雀河、车尔臣河和疏勒河的水量减少、改道，湖水面积逐渐收缩。在罗布泊东部，阿尔金山和疏勒河故道之间，有一片高耸的库姆塔格（维吾尔语"黑沙山"之意）沙漠。罗布泊湖泊在缩小，库姆塔格沙漠却日甚一日地扩展，使罗布泊周围成了一个自然条件十分恶劣的沙漠区域。地理学家把这里称为"罗布洼地"。

我国历史上著名的"丝绸之路"，正是沿着贯穿罗布洼地的疏勒河故道通往西方的。唐朝玄奘和尚到西天取经，也是走的这条古道。古代西域 36 国中的楼兰国，据传就在罗布泊附近。史书和古代诗人的诗集里，有着不少关于罗布泊、楼兰的记载和描写。然而，随着岁月的流逝，大自然的变迁，如今的罗布洼地，早已洪荒冥冥，不见人烟。

唯有历史学家、考古学家和地质、地理、生物、化学、气象等各方面的专家们，才会对这块地方发生兴趣，愿意进入这浩渺无垠的"死地"，探索它的奥秘，考察它兴衰存亡的变迁过程。上个世纪末和本世纪初，英国、俄国、德国、瑞典、日本等国家，都曾派人闯进罗布洼地附近，掠走我国不少珍贵文物。但是，由于道路的艰难、自然环境的恶劣，这些人都未能看到罗布洼地的全貌，就望沙兴叹、见难而退了。罗布洼地，留给科学家们许多许多急待解开的谜。彭加木随中国科学院综合考察委员会新疆考察队到达了罗布泊北岸。他见到的罗布泊远不像历史记载的那样苍茫辽阔，湖水完全碱化，鱼虫早已绝迹。彭加木和同志们乘橡皮船驶进湖区20公里，对罗布泊自然资原进行了初步考察，估算出罗布洼地积聚着极其丰富的钾盐，这是一笔了不起的财富！彭加木同几个同志一起，对注入罗布泊的塔里木河、车尔臣河、孔雀河三条河流的含钾量进行估算，为进一步探索罗布泊提供了重要依据。由于条件的限制，考察队未能到达湖盆中心，这使彭加木深为遗憾，他在心里暗

◁ 斯文赫定拍摄的栏兰佛塔遗址

暗发誓，终有一天，要重返罗布泊！这次考察，在科学考察史上写下了重要的一页，在科学界产生了很大的反响。人们十分钦佩这位身患癌症而仍以顽强的意志战斗的科学家。

彭加木的名字传遍了全国。1964 年，全国许多家报刊先后介绍了彭加木的事迹。上海科学界和各行各业都掀起向彭加木学习的热潮。中国科学院院长郭沫若，专门为学习彭加木题词一首：

大学之年，科研界，雷锋出现。彭加木，沉疴在体，顽强无限。驰骋边疆多壮志，敢叫戈壁变良田。

铁道兵，铺路满山川，为人便。病魔退，英雄显，乐工作，忘疲倦，老大哥，永永令人钦赏，活虎生龙，奇爱国，忠心赤胆常酣战。望大家都向彭看齐，比帮赶。

凡是为人民的利益奋斗过的人，人民都不会忘记他；凡是对人民忠心耿耿的人，人民都会感激他。1964 年，彭加木被故乡人民选为第三届全国人民代表大会代表。那年 12 月 21 日，在首都召开的第三届全国人民代表大会第一次会议上，他又被选为主席团成员。

在金碧辉煌的人民大会堂里，彭加木幸福地坐在毛泽东、周恩来、刘少奇、朱德等许许多多为国家建立功勋的老一辈革命家身边。12 月 22 日，彭加木担任大会执行主席，周恩来总理在会上作政府工作报告。周总理铿锵有力、气势磅礴的声音，使彭加木感到激动、振奋。他下定决心，在大会以后，要加倍努力工作，为祖国的科学事业谱写新的篇章。

大会期间正值新年，休会一天。1965 年元旦之夜，各民族的几千名代表汇集在人民大会堂，举行新年团拜。代表们唱歌、跳舞，亲切叙谈，会场上喜气洋洋。在欢歌笑语中，周恩来总理神采奕奕地来到人群中，同大家握手问候。他时而停步听白发银髯的长者低语，时而对熟识的劳动模范、科学家、运动员、作家朗朗大笑。

彭加木兴奋地朝着周总理挤过去。他侧着身子挤到总理身边，刚想向总理问好，总理已经发现了他，一边伸出热情的手，一边叫着他的名字。

彭加木慌忙握住总理的手。这是他第二次和周总理握手，他感到这只大手仍然是那么温暖、柔和、有力。他有许多话想对总理讲：重庆红岩村、曾家岩的回忆，党组织对他的关心，他对党的深厚感情，祖国边疆建设事业的兴旺，还有他来开人代会时一家人托付他带给总理的问候……呀，这么多话，他都想一古脑儿倒出来，可一时又不知从何处说起。他凝望着总理，把许多话凝结成了简单然而包含着无限深情的一句话：

"总理，您好……"

总理微眯着眼睛，端详了一下彭加木的眼神和脸色，关切地说：

"要注意身体，要注意身体。"

彭加木噙着热泪，不停地点着头。对长者的慈爱，此刻，他能回答什么呢？对领袖的关怀，此刻，他能报答什么呢？再好的语言，也难表达他此时此刻的感受。他只是点着头，把领袖的殷切希望和热情关怀，点点滴滴，注入心头。

人代会结束后，总理又托邓颖超在家里接见彭加木。邓大姐仔细询问了他的病情、工作和家庭生活，和他进行了亲切的交谈。彭加木沐浴着党的阳光，承受着党的无微不至的关怀。他是幸福的，不过，他没有陶醉在这幸福之中。面对党和人民崇高的奖赏，他在兴奋、激动之后，立即想到了自己的责任。他不禁问自己：在前进的道路上，该用什么新的科技成果向党汇报呢？

→ 赳赳国器

★★★★★

彭加木心中孕育着许多美好的、雄心勃勃的计划，他浑身憋足了劲儿。在这个生机盎然的时代，他正值盛年，岂能辜负大好时光、无所作为呢！

可是，一场猛烈的风暴击碎了他那甜蜜的梦想，他的一系列科研规划全部被迫中断。

"大革命"来势真猛，彭加木还未弄清是怎么回事，运动已达到白热化程度。文化、科学、艺术等各个领域中，不少向来被认为是正确的东西，一夜之间都变成了批判对象。

彭加木未能逃脱这场灾难，他也被卷进了历史的旋涡，在旋涡中挣扎、沉浮。那些个"最最最革命"的人给他加上的罪名是"黑样板"、"修正主义苗子"、"驯服工具"，要把他"批倒批臭"，还要"踏上一只脚，让他永世不得翻身"。

在被囚禁的最初日子里，他还能勉强忍受。时间长了，孤独、寂寞弄得他心情烦躁。一个长期在大自然怀抱里生活惯了的人，怎能忍受这种与世隔绝的禁锢! 彭加木一生中，曾两次被禁锢。那一次，是在育婴箱里。正是那次"禁锢"，拯救了他的生命，使他获得了投身大自然的力量。而这一次，却把他从大自然中拉回，羁押在这使人窒息的铁窗中。他像被关入樊笼中的鸟儿，憋得难受。这会儿，他多么想念大自然，想念亲人们，这会儿，他多么盼望能和人们说说话啊。只要能叫他见见世界，呼吸着大自然的空气，哪怕是拉出去批斗，他心中也会觉得好受些。

然而，亲人们无法来探望他。只是在每日两次的开饭时间里，有人塞进两个馒头和一碗水，接着，门又死死地关上了。

彭加木走到门前，透过门缝，望着天空中一片片流云。那淡淡的白云，轻悠悠地从蓝天上飘过，缓慢地移动着。他渴望自己能像天空的云那样自由自在地生活。噢，对了，他是有过同流云一起生活的日子的。在西双版纳那浓密的山林里，那时而飘在山巅，时而飘在林间的云雾，就时常伴随着他；在阿尔泰山，他骑着马穿破滚动的浓云；在古尔班通古特大沙漠里，那飘在空中、夹杂着飞沙的尘雾，远远望去，就像火云。这流动的火云，是他们在沙漠中的伴侣。唉，要是能再和流云一起生活该多好! 果真那样，他会高兴得跳起来的。彭加木无比留恋那种如火如荼的战斗生活。环境、条件再艰苦，他也心甘情愿，他宁可累死，也不愿在这里无为地耗费生命!

那些人逼他写"交代材料"，他以一个共产党员应有的实事求是的态度，回顾了自己所走过的道路。

他从育婴箱的婴儿，一直写到对"文化大革命"的态度，每份材料的结尾，都写着同样的结论：我的一切是党给的。我一点也不后悔我走过的道路。

这是确确实实的。他在说自己的心里话。作为一个科学工作者，他所能给党和人民的，是科学研究成果。他从事的工作，与种地、做工、打仗同样地重要、光荣。他至今仍认为："共产党员在战争中要争当英雄，在生产建设中要争当模范，在科学研究中应当成为一名专家……"

他毫不隐讳地剖析自己，谈到了自己的内疚和不足。他感激那些帮助自己的同志，他愿意改正自己的缺点错误。然而，他走着自己认定的正确道路。他忘不了自己的事业。在他写的"交代材料"中，字里行间表现出一个共产党员的坦荡胸怀和对革命事业的耿耿忠心，找不出任何可以构成罪名的把柄。

一天，彭加木蹲在透出光亮的门槛边，突然发现一队队穿梭往来的黑蚁，有的负重，有的空走，队伍忙而不乱。不远处，一群工蚁正在同心协力地推动一只小甲虫。蚂蚁们用辛勤的劳动，创造着自己的生活。人世间的风浪，对它们没有丝毫的影响。小小的蚂蚁，深深触动了彭加木。看看蚂蚁，想想自己，他不禁感叹起来：自己也在生活，但这是痛苦的生活。他不能像它们那样正常劳动、创造，这是多么难受的事情啊！

一会儿，外面下起大雨，雨水浸入了门槛，淹没了那一堆堆黑蚁。彭加木忙用指头拨动积水，把流水引到别处，地面又露了出来。黑蚁们从灾患中脱逃之后，又重整队伍，忙忙碌碌地活动开了。

看着看着，彭加木的眼角湿润了。他自言自语地说："我也该学点蚂蚁精神，想法干点什么！"

可是，在这狭小的囚室里，他能干些什么呢？

他苦苦思索着。突然，眼前一亮，他想到一件事：几年前，在我国南方的许多稻田中，人们发现了水稻黑条矮缩病。这是由于一种植物病毒细胞侵入造成的。水稻一旦染上这种病毒细胞，就会丧失结果、孕穗的能力，像人患了病一样，委靡不振，慢慢耗尽生命。"文化大革命"前夕，敬爱的周总理授命彭加木尽快研究出防治这种植物病毒的办法。彭加木接受了周总理的嘱托，全力投入这项工作，若不是"文化大革命"耽误，一定已有些进展了。

想到这里，彭加木的眼睛有了神采，紧皱的眉头舒展了。说干就干。他先写了一份关于水稻黑条矮缩病的研究工作检讨，然后凭着对过去工作的记忆，写出关于这种植物病毒的传染情况以及农民对这种病毒的初步防治方法分析，又提出了继续进行这种科学研究的建议。他写道：

"与其我独处囚室，耗费生命和精力，不如批准我到农村去插秧、割稻，我还可以研究一下防治植物病毒的问题。我要生活，我要劳动，我要完成周总理给我下达的任务。至于对我的审查，你们可以随时传令……"

他像做完了一件大事，深深地呼出一口大气。怀着一线渺茫的希望，他将报告交了上去。

也许是审查者由于抓不到彭加木的把柄而对他失去了兴趣，他的要求竟然奏了效。被关押十个月之久的彭加木得到开释。

他回到了离别很久的实验室。长时间弃置在角落里的电子显微镜，已经蒙上了一层灰尘。他像见了久别的战友，抚摸着这台显微镜，眼泪扑簌簌地掉下来。

他一回到电镜室，观察实验工作就停不下来。他常常不回家，有时饭也顾不上吃。他的身体受到病魔和人为的严重摧残，已经很虚弱了。他的身边，随时带着药物。那种成丸的中药，对他来说，既是良药，又是食品。有时顾不上吃饭，就吞两丸中药抗饥，又可以坚持几小时工作。他用一个旧酒瓶泡上药酒，随身携带，乏了、饿了就喝上几口。他采用这些刺激物，使自己保持饱满的进击状态，以补偿过去在"牛棚闲卧"时造成的损失。这种苛刻的生活条件，使他的身体愈来愈坏了。但他并不犯愁。他只想工作，只想在这动乱的环境中，尽可能为党多做点贡献。

不久，大批科技工作者被勒令下乡，同工人农民"划等号"去了。彭加木习惯于野外工作，这倒正合他的本意。他到广东、福建一带研究柑橘黄龙病；到河北研究小麦矮丛病，到上海郊区研究蔬菜病毒。他是"控制使用"的对象，这倒给他带来一种"方便"，不论到哪里，他的周围都只有那些两脚沾满泥巴的乡亲们。人民和他在一起。他抓紧时间搜集标本，向老农请教防病治害的经验，拼命工作。他在逆境中，仍然获得了丰硕的科研成果。

北京郊区的四十万株金丝小枣树，在短短的两三年内，树枝相继干枯。首都人民喜食的红玛瑙般的甜丝丝的小枣很难看到了。有谁能起死回生，使金丝小枣树再结累累果实呢？

福建有一种亩产一万多斤的地瓜，这几年突然减产到二三百斤，有谁能查出它的原因呢？

潮汕地区的柑橘，正常年景能收获数百万担，可是，近几年产量下降，只有三十万担，特产变成了稀罕果品，又有谁能使柑橘重新挂满枝头？

长江流域的油菜，内蒙古的甜菜，天山南北的哈密瓜和葡萄……许多种农作物都遭到了不同程度的病虫害，人们辛勤劳动的果实，就这样被病虫病菌糟蹋了，人们焦急万分，求助于

△ 彭加木一家

科学工作者。

防治这些植物病毒，是一场特殊的战斗。彭加木就在这样的战场上驰骋、争夺，夜以继日地研究、探讨，写出了一篇篇论文，分析了这些植物的病因，找出了防治植物病毒的方法。大批遭受病毒危害的植物得救了。

对于植物病毒的研究，科学上的未知数很多。做这项工作，同天文学上发现星辰，数学上发现公式、定理一样艰难。直到目前为止，国际上发现了六百多种植物病毒，我国先后找到了四百多种，彭加木个人或者同人合作，就找到了四十几种。绿色世界，因为有了彭加木这样的卫士，才枝繁叶茂，郁郁葱葱。人们惊叹他们的成绩，称他们为"绿色生命的卫士"。

为了事业和工作，彭加木常年待在乡下，很难得回上海与家人团聚，以至于当他回到家里时，妻子、儿女都觉得他变老了、陌生了。有一次，他刚回家，娇爱的女儿就对他说："爸爸，你整天研究植物的病，你知不知道，我、哥哥和妈妈因为想你，也快得病了呢！"

彭加木爽朗地大笑起来。他忙打开旅行袋，拿出一袋黄橙橙、圆滚滚、润滋滋的柑橘给孩子们吃。这是他研究柑橘黄龙病后培育的新种所结出的果子。多甜、多香的橘子啊！孩子们脸上露出了笑容。

看着快活的儿女们，做父亲的感到欣慰。他忘记了旅途的疲劳，又连忙把自己在野外工作中拍摄的照片拿出来，给儿女们讲述祖国丰富的物产、秀丽的风光。他把照片制成的幻灯片打在白色的墙壁上，墙壁上现出逶迤的山岭，茂密的橘林和欢快地收摘柑橘的乡亲们。父亲一边打幻灯，一边对儿女说：

"你们听说过金苹果的故事吗? 希腊神话里，就有金苹果的故事。传说很久以前，宙斯和赫拉结婚时，有一位神从大洋西岸带来一株树，树上结着金色的苹果，苹果上还闪着光。神把金苹果树送给宙斯，祝他们长寿、生活美满……"

彭加木说到这里，便问女儿："你知道这金苹果出在哪里吗?"女儿困惑地摇了摇头。彭加木指指女儿手中的金黄色的柑橘，快活地笑道："这金苹果，就是咱们中国的柑橘啊！"

➲ 鹏程沙海

★★★★★

1976 年，十月的春风吹开了人们心头郁结了十年之久的愁云。中国人民那种沉闷、忧虑的情绪，在胜利的锣鼓声中、在鲜艳的花束和欢快的笑浪中涤荡殆尽。党中央粉碎"四人帮"篡党夺权的阴谋，使逆转的历史车轮，又沿着社会主义方向前进了。

彭加木家的窗台上，又摆上了几盆花卉，一家人幸福地团聚在一起，处处感到金秋胜春光的欢乐。

彭加木渴望把自己储存了十年的智慧和精力都贡献给人民。他虽已年过半百，却还信心十足，壮心不已，要把自己的余生安排得更紧凑，更充实，更有意义。

这年年底，彭加木又向党组织提出了自己的科学考察和研究规划，他渴望重振十年前那如火如荼的事业。

1977年春天，他怀着激动和兴奋的心情，重返阔别十多年的大西北。

列车到达长城的西部尽头嘉峪关，彭加木下了车。他要在这里瞻仰一下长城雄姿，看看久别的塞上风光。

屹立在茫茫沙海中的嘉峪关之所以吸引游人，使人流连忘返，与其说是它建筑的奇巧雄伟，不如说是因为它能使人浮想联翩。

彭加木迎着徐来的春风，尽情地游览了这座古城，寻找着几千年来人们在这里留下的遗迹。怀着对古代边关的幽思之情，他沿着城墙绕了一圈又一圈。在西门外，有一大段被风雨侵蚀而坍塌的城垣，那墙壁土松泥碎，用手拍拍，泥土就会簌簌掉下来——这就是人们常说的"叩关"的地方。相传西行出关的人，都站在这里，用石头向那断垣投去，有时，石落之处，会发出一连串撞钟般的回声。据说，那就是故乡的乡音，是父母思念儿郎的召唤。谁听到了这种回声，便能一路平安，生还故土；否则，前途凶多吉少，说不定会葬身异域。彭加木禁不住好奇心，弯腰拾起一块不大的礓石，向那断垣用力掷去，随着碎土哗哗流下，果然传来阵阵回声，像是在呼唤："回……"

这是流沙细土滑动而发音的自然现象，彭加木当然不会相信它能预卜人的命运。可是，听到回声，联想传说，他觉得有趣极了。这个年过半百的人，忽然童心萌发，像孩子一样，高兴地对着城墙喊了起来："谢——谢——你——的——祝——福……"

彭加木告别了嘉峪关，取道敦煌，然后西出玉门关，沿着疏勒河故道西行踏勘。

疏勒河，发源于祁连山脉，流向西南，经古代的玉门关，进入新疆的罗布泊。历史上所谓"西出阳关"，就是指的沿疏勒河故道西行。如今，古河早已枯竭，故道一片荒芜。除了历史的记载还能给人一些联想外，这条道路已不为人所知了。

彭加木早就有一个念头,从敦煌西去,沿着疏勒河故道,踏着古代张骞、班超的足迹,研究那里兴衰存亡的历史,探索那里大自然中无穷无尽的奥妙。这次,他如愿以偿,沿途进行了细致的考察,初步掌握了这一带的地理、地貌情况。短暂的踏勘,为他心中孕育的一个宏伟计划做了准备。

风尘仆仆的彭加木又回到了新疆。那巍峨高耸的天山,又出现在他眼前。彭加木像一个远归的游子,耐不住对边陲锦绣河山的思念,同新疆分院化学研究所的几位同志一起,急切地踏上通向天山南北的大道。他们去昆仑山下的喀什,去火洲吐鲁番,去边陲塔城,考察各种农作物病毒。

在彭加木心中,久已孕育着一个宏伟的计划——重返罗布泊,彻底揭开罗布泊的面纱!为了实现这个计划,他做了大量的调查。历史上,聚居在罗布泊的人们,曾有过自己独特的经济和文化形态,社会学家称他们为"罗布人"。在考察途中,彭加木偶然听到了一个消息:在塔里木河畔一个国营农场里,有几位据说是从神秘的罗布洼地逃出来的百岁老人。当年,他们曾在水波荡漾的罗布泊刻木成舟,以捕鱼捉鸟为生,直到湖盆逐渐干涸,才逃出那块"死地",来到绿洲定居。他们是那个穷荒不毛地带幸存下来的人,是罗布洼地沧桑巨变的见证。

彭加木喜出望外,决计去访问这些"罗布人"的后裔。可是,他走到半路,却遗憾地止步了——他收到一封令他速回上海的电报。

彭加木匆匆赶回上海。组织上要他回来,是为了同他商量出国考察的事。科学院希望彭加木率领代表团到澳大利亚,参加一个柑橘病毒学术会议。他在这方面成绩显著,参加这样的学术会议,确是再合适不过的人选。

这是他一生中第三次得到的出国机会了。但彭加木却有着自己的想法:

"请领导派别的同志去吧。我能跑的时间不多了,何况还有许多事情需要我去做。还是让我留在国内多跑跑。咱们抓紧时间，搞出具有国际水平的成果来，让外国同行到中国来学习！"

这就是彭加木的抱负，它表现出一个中国人的志气！领导上积极支持了他的意见，改派其他同志出国。

彭加木以他不达目的决不罢休的精神顽强地工作着。1979 年，他又深入西北地区考察。仲夏，他应甘肃省植物保护研究所的邀请，到甘肃北部高原的"月牙泉"湖畔进行植物病毒的考察。

"月牙泉"湖旁，有一座一两百米高的沙山。在有风的夜里，这山往往会发出阵阵鸣响，因此而得名"鸣沙山"。

一天下午，彭加木和两位年轻的同伴在考察之余，兴致勃勃地来到鸣沙山脚下。

这山虽不太高，爬起来却很费力。在四五十摄氏度的高温下，细沙就像是在热锅里炒过似的，蒸腾的热气烤得人浑身冒汗。一步踏下去，细沙陷到小腿，抬脚都很困难。人向上走，沙向下流，前进一步，滑下半步，彭加木和同伴费了很大力气，却没有爬多高。两个同伴汗流浃背，累得上气不接下气，彭加木也气喘吁吁，口干舌燥。同伴劝他不要再爬了，他摇摇头，擦把汗，继续向上攀登，终于登上鸣沙山之顶。

在返回住地的路上，彭加木对两位同伴感叹道："如果受了挫折就往后退缩，你就别想登上顶峰；如果你到不了山顶，就不可能饱览'会当凌绝顶，一览众山小'的胜景，更感受不到胜利后的喜悦。"他意味深长地望着两位同伴说："天下做任何有益的工作，都与这登山同一个道理。"

这就是彭加木的性格，正是他这种顽强的精神，受到人们的尊敬。

生命熠熠

→ 腾跃罗布泊

★★★★★

1979 年 11 月，彭加木参加由地理、生物化学、气象、生物、土壤、沙漠和考古人员组成的综合考察队，向罗布泊洼地驰去。

考察队的汽车扬起一溜尘雾，艰难地在罗布泊的戈壁上行走，单调乏味的枯黄色沙漠景观，扑面而来又飞也似的向后掠去。蓦地，路断了。眼前豁然展现出望不到边的"土丘林"，咦! 真是千姿百态，蔚为奇观。但见那繁星般的土丘，有的拔地而起，亭亭玉立，傲视苍穹；有的迤逦起伏，昂首翘尾，活像条条傲游的鲸鱼，悠然自得地追逐嬉戏；有的如停泊的巨轮，抛锚待航；而在那"土丘林"的沟壑中，鹅黄色的沙堆，蜿蜒起伏，金波粼粼，恰似一匹匹锦缎，随风飘舞，婀娜多姿……

脚下这千丘万沟形成的"世界一绝"，统称"雅丹"，汉语亦译"雅尔当"。原是当地维吾尔族对"险峻土丘"的称呼，19 世纪末叶至 20 世纪初叶，瑞典斯文赫定和英国的斯坦因，赴罗布泊地区考察，在撰文时采用了这个词汇，"雅丹"于是成了世界地理学家和考古学家通用的专业术语，专门指一些干燥地区的特殊地貌。它由一系列平行的垄脊和沟槽构成，顺盛行风方向延长。土丘高半米至十多米，长数十米至数百米。成分是粉沙、细沙和沙粘土。沟槽最窄的一两米，最宽的几十米。"雅丹"对研究世界地貌学颇有价值，世界地理学家对它十分向往。

考察队乘坐的是四辆车子，像捉迷藏一样，在"雅丹"中摸索着蹒跚前进，一座座土丘，一道道沟槽，像一只只拦路虎，挡着这批访古探奇者的去路。北京牌小汽车犹如一叶扁舟，漂泊在礁石丛生、波涛起伏的沙面上，前仰后合，左摇右晃。时而呜呜叫着爬上丘顶；时而战战兢兢滑下陡坡；时而向左弯，时而向右拐，盘旋穿行。靠近了，前车卷起的烟尘，使后车看不见路；离远了，峰回路转，后车容易掉队迷路。倘若不慎滑进深沟、沙堆中，更是动弹不得。司机浑身紧张，两眼圆睁直视前方，两手不时转动方向盘。人在车内，像筛子筛，又似簸箕簸，五脏六腑都快倒出来了。为了见识一下行程的艰难，每拐一个弯，就有人记一次数：一……十……一百……当车子无可奈何停在一个台地上时，他瞅了一眼"里程表"和手表，喔唷！十一公里路走了两个多小时，拐了一百八十六个急弯哩。无怪乎路经这里的晋代高僧法显，在《佛国记》里这样描述所见所闻："沙河中有恶鬼热风，遇到皆死，无一全者。上无飞鸟，下无走兽，遍望极目，欲求渡处，则莫知所以，唯以私人枯骨为标帜耳。"在"雅丹"中，驶过张骞的车骑、班超的鞍马、马可·波罗的驼队。古丝道的先驱者啊，为了沟通东西方的友好交往，在这艰难跋涉的地形中，洒下多少汗珠！

在这样的土丘林中行进，汽车得爬坡、下沟、绕过土丘，艰难异常。车子陷下沙沟，爬不起来，彭加木就和大家一样跳下车子，铲下红柳枝条和芨芨、梭梭之类，垫在沙下，推车出沟。彭加木几次要脱下棉衣铺垫轮胎，都被大家劝阻了。他年纪最大，这样的寒冬，如何叫他受得了呢？彭加木扛着车轮，向前推。每进一步，都要靠考察队员们齐心协力的奋斗。

彭加木脚下踩着厚厚的灰白色盐壳，是盐、沙、土混合凝结而成的。这样的盐壳地带，龟裂的地层形似片石，锋利如刀，汽车走在上面把轮胎也能割破。有的盐壳形成怪石嶙岩一样的板结地，生生把人和车挡住，行走不得。这时，彭加木和同志们只好下来行走。不小心腿脚碰到龟裂的地层，还会被划破流血。人真的像在刀刃上行走呢！

彭加木和考察队员们在罗布泊古代湖盆一带绕了几天，研究地貌，取得盐类样品。湖水已经干涸。1959年9月，中国科学院新疆综合考察队有一个考察小组，沿孔雀河到达罗布泊，那时尚有湖水，考察队还得乘橡皮船进入湖区。他们测过湖北岸纵深20公里宽的水域，水深还有25厘米，并有水鸟啾啾。现在只过了20年，罗布泊却坦露着龟裂的湖底，湖里不复有水。真是沧海巨变啊！

有一天彭加木和考察队员们在粼粼波光中，隐隐约约看见一座巍峨古堡。那翠绿的森林，清澈的湖水，玲珑的亭榭，漫步的人群，车水马龙的街市，从眼前历历闪过。

"又是海市蜃楼骗人了。"一个心急口快的司机说。

可是，他们竟然走进了"海市蜃楼"！

古城堡宏伟、神奇、威严、峻峭。被风化日晒的城垣，比别处看到的城墙更加宽大，尚依稀可辨雉堞、箭楼、城垛。高耸的城垣，坍塌的断壁，错落的街巷，巍峨的石柱，构成一座神秘莫测的迷宫。鸟瞰全城，仿佛巨大无比的砂岩凿成，涂上了一层淡淡的红褐色。那些房屋、碑石、碉堡似的建筑物，也都开凿在岩石上。街巷和建筑物的四周都铺满了碎石，像是天

△ 彭加木在野外考察时劳作

工凿下的一般。

这不是海市蜃楼，这是一座确确实实的自然盛景。

可是这城堡的主人是谁呢？谁又用什么力量建筑这样一座宏大的"城"？

查对地图，量出方位。噢，明白了，这就是"龙城"，就是所有记载罗布泊洼地的著作都要讲的"龙城"。

《水经注》说，"龙城故姜赖之虚，胡之土国也。地广千里，皆为盐而刚坚也……"所述"龙城"，并非实有其城，皆因罗布泊古湖东北部被风蚀的土丘、砂岩而言。皆因土丘栉比，如城郭宫阙，蜿蜒逶迤，其形如龙，其状似城，故名龙城，是罗布泊洼地的一奇景。这种景观的风蚀带，使远来的旅人，误认是烽火台、城堡、城垛和房屋、街市。

在"龙城"里溜达，看到地上覆盖着一层很厚的灰色盐壳，踩上去"嘎吱""噗吱"响，有时还如石，骆驼走在上面，蹄子还会磨出血来，恐怕不过分。显而易见，这种地上漫过盐水。研究沙漠土壤的科学工作者认为，"雅丹"主要是风神的杰作。据1960年至1970年平均统计，罗布泊每年风速大于每秒14米（七八级）的刮风时间有八十天，而最大风速达到每秒30米（十级）以上。一到风季，大风刮起来，呼呼吼叫，时常白天黑夜连着刮，搅得天昏地暗，日月无光。年深日久，那厉害的风，像锋利的巨大铁篦子掠过地面，留下座座土丘和条条沟槽。由于罗布泊常刮东北风，因此土丘和沟槽多呈东北至西南方向排列。从1919年到1959年四十年间，这一带风蚀深度达5.3米，每年平均为13厘米，哦，"雅丹"呀，确实是奇特的风蚀地貌！

人们也许难以置信，这"古来人烟稀少，四季皆干旱"的"雅丹"，却是祖国的一块宝地。

历史证明，早在距今四千年至一万年的新石器时代，"雅丹"即有了人类活动，到了汉朝，居然成了新疆较早从事农业生产的地区之一。悠久的历史，干燥的气候，闭塞的环境，使这里成了一个文物宝库。虽然中外的一些探险家、考古家，过去在这里发现了世界瞩目的古城、古遗址和新石器时代以来大量的古代文物，但在世界考古学家眼里，这里仍有多个"未知数"，有待进一步考察。

经过了艰苦的跋涉，彭加木和考察队员们终于逼近了罗布泊西北部的楼兰遗址。远在一万年到四千年前的新石器时代，这一代就有了人类活动，到了汉朝，成为西域三十六国中生产发达的国家之一。我国著名的《汉书》就记载，说这一带"多葭苇、怪柳、梧桐、白草"，楼兰国人过着"民随畜牧、逐水草"的生活。西汉时，这里有人口1.4万多，来自全国的屯田士兵，"灌浸沃野"，收获甚丰。后来，由于这里的塔里木河孔雀河改道，人民无法生存，只好弃离家国，迁徙他方，史籍记载的古国，遂沦废墟。

"看见了吧？前面那个高土墩，就是楼兰城的佛塔，我们很快要做'楼兰'国宾啦！"一个队员的风趣话，激起一串笑声。这个时候，他们正吃力地步行在罗布泊以西、孔雀河南岸，离楼兰古城约七公里处。彭加木举起望远镜，纵目远眺，佛塔锥子似的直插蓝天，高踞众丘之上，格外显眼。原来赫赫有名的楼兰古城，就深藏在"雅丹"奇观里。

史书上所称这个西域古国，其名来自罗布泊。罗布泊古代又名牢兰海，楼兰是牢兰的谐音。它国力最盛时期，疆域辽阔，东起古阳关，西至塔克拉玛干沙漠南缘的尼雅河畔，南至阿尔金山，北到哈密。一些历史学家根据已经发现的文物判断，楼兰是亚洲腹地的中枢城市，在丝绸之路上，作为中国与波斯、印度、叙利亚和罗马帝国之间的中转贸易站，发挥过重大作用。我国内地的丝绸、茶叶，西域的良马、葡萄、珠宝及其他特产，最早都是穿过楼兰城进行贸易的。当时，商旅往来不断，在东西方友好交往中，楼兰扮演了"翻译""向导""逆旅"的角色。据测量结果，古城遗址有九万平方公里。在遥远的过去，楼兰就兴建了这么宏伟的一个城堡，真是一个奇迹。

彭加木他们冒着呵气成冰的严寒，在万千蘑菇般的土丘中蜿蜒盘旋前进，好容易闯进楼兰古城。人们大喜过望，忘却疲劳，竞相饱览楼兰城丰姿。那楼兰城呈正方形。城墙用土夯成，因为经历千年风剥雨蚀，大部分早已化为乌有，只是城东城西至今残留两堵断墙，约略普通平房高。院落的围墙，多半用芦苇、红柳和黄泥筑成。有个院子里房柱歪七扭八，胡杨木的木门，依然半敞着，似乎主人刚走出家门，一会儿就会回来的。城中央有王宫、佛寺、居民住宅和马厩等建筑物，大都荡然无存。环视全城，只有三间土房子仍然完好，除房顶不翼而飞外，别的部位，如门、窗还历历在目。

楼兰盖房子用的木梁、檩条、椽子，比比皆是，满目狼藉。这些胡杨木的建筑材料，有的还凿了眼，甚至刻上花纹，显示当时已具有一定的工艺水平，格外引人注目，为研究古建筑提供了宝贵资料。有的木料是未加工的"原木"，大约合抱粗，四五米长，树皮爆裂，满身"皱纹"，估计是些"栋梁之才"。同行的气象科研人员，如获至宝，连声赞叹："妙、妙！这可是科研罗布泊地区古气象的活料。"说着，立刻躬身数树木的"年轮"，一点一滴详细记录。至于陶片、毡片、古铜钱等等，地面有，地下更多，风起沙飞，时常有"古董"重见天日。一位考古人员刚进城，就捡到一枚汉代五铢钱哩。

　　考察队员带着水和干粮，奔波在茫茫戈壁滩上。他们搜集和发掘出的陶器、玉器、铜器、木器和丝织品等，被摄影记者"咔嚓、咔嚓"拍成了照片。他们在楼兰古城上捡到一枚手表大小的铜币，经鉴定，是非常稀罕的"贵霜帝国"的钱币。"贵霜帝国"，是公元 2 世纪，由大月氏的主要部落贵霜创建的一个国家，今在阿富汗、巴基斯坦一带。这枚铜币，通身长满绿锈，模样却依稀可辨。铜币边缘印着曲曲弯弯的佉卢文字，中央有个人，骑着骆驼似的走兽，手舞足蹈，洋洋得意。在古城西部发掘出一个古墓葬群。揭去表土一看，呦！每座墓穴周围，围着一圈圈碗口粗的木桩，像一道道木篱笆挡住肆虐的风沙，据说这种壮观奇特的古墓葬式样，在楼兰地区还是首次发现。而且就在这墓葬群中，发掘出一个女干尸，衣饰完整，面目清秀，宛若"睡美人"。此外，在楼兰地区西南部，库鲁克山脉的一条峡谷中，还拍摄了一些"岩画"，这在我国考古界尚属首次。"岩画"刻在一片悬崖绝壁上，上面画着马、骆驼、羊和植物枝叶。这些文物，对研究古楼兰的历史、东西方文化交流、中国边疆同内地的关系，都有重要价值。

　　罗布泊真是一个宝地啊！历史、文学、艺术、生物、水文、气象、土壤……各种学者都可以到这里施展才智。彭加木踏进了一个古代王国，面对历史的遗物，引起了慨叹。时间倒退到三世纪时，楼兰生命依旧，可是，后来它却消失了。现在，我们找到了它。它所能提供给今天的人类的，是历史的见证和理所当然的丰富推断。科学家们就这样找到了遗失的城堡。或许那沉睡的女尸，就是那传说中长眠在沙漠中的少女吧。

楼兰考察结束，考察队回到营地的时候，彭加木欣喜难以自已。当考察队向楼兰外围探路向古城遗址逼近的时候，他和另外一个年长的地理学学者，曾被人劝阻，以免路途坎坷，不胜其劳累而体力不支。他们两个都提出"不做累赘，不叫人背"的许诺，执意考察古城。彭加木还提出："如果走到半路，我们走不动了，情愿作为沙漠中的一个标杆，等候你们归来，为你们标明方向……"现在他和大家一起归来，背着各种各样的考察样品，这怎么不叫他高兴呢? 队员们点着篝火，把车灯开得通亮，表示庆贺。彭加木兴高采烈地爬上一个大沙包，对着

◁ 疏勒河故道

蓝天、繁星呼道："我们胜利了……"

1977年底，彭加木被新疆维吾尔族自治区和中国科学院联合任命为中国科学院新疆分社副院长。彭加木既在上海，又在新疆两地担任研究工作。国家鼓励和支持全国各地的科技人员关怀边疆科技事业的发展。彭加木每一年将用一半时间在新疆工作。他找到了一个为边疆科技事业勤奋劳作的形式。他又动员了上海的科技人员纷纷到新疆进行科学研究。他架起了一座通向边疆的桥梁。

1980年一开始彭加木就奔波忙碌。年前他从新疆刚刚回到上海，1980年1月，又匆忙赶回乌鲁木齐参加一个科学技术鉴定会。

2月，他在上海过了春节，立即赶往海南岛，考察热带亚热带植物病毒。

4月，还没有来得及休整，他又起程到达新疆。

他的时间是满满的。他在生活中创造、建设、劳动，使时间的步伐也加倍地快起来。

他紧张地制定了一个罗布泊的考察计划。他在规划中指出：

"罗布泊是我国干旱地区著名的湖泊。它的历史地理引起了中外科学工作者的极大兴趣。近百年来，曾有许多中外科学工作者对这一地区进行过零星的考察，但从来没有过完整的系统的考察，是我国自然资源考察中的空白地区。对于这个地区的考察，有利于弄清罗布泊洼地的自然环境的影响，以及对矿产资源钾、镁、重水、稀有金属的含量和综合利用提供科学依据，为四化服务……"

这是彭加木向党提出的一个科学建议。他打算用三年左右的时间，纵贯罗布泊，弄清湖盆资源，查清从敦煌到罗布泊的疏勒河故道盐矿堆积情况。流入罗布泊的四条河流，彭加木曾考察过另外三条，唯有对疏勒河故道一无所知。那三条河流有钾盐的贮存，疏勒河故道情况又如何呢？还要弄清罗布泊四周的盐矿情况。据考察，在距今五千万年以前，新疆、青海、中亚的黑海一带，都是连成一片的海洋。后来，在喜马拉雅造山运动的影响下，地壳上升，形成若干咸水湖。随着地球运动，气候炎热，湖水蒸发，补给又少，年代一久，湖中咸水便凝结积成盐。新疆盐湖分布很广，据对二百六十个盐湖的估算，盐的贮藏量不下三十亿吨，真是宝库！罗布泊是这些盐湖的最大者，是新疆"盐湖之王"，

古时碧水万顷，今已干涸，湖底无处无盐。古海留下这么多重要财富，急待我们去开发呀。彭加木雄心勃勃、壮志在胸。

彭加木的罗布泊考察计划引起了人们的注意。盐矿是"化工之母"，如今人们利用石盐芒硝制造聚氯乙烯、烧碱、纯碱、盐酸、硫酸等多种化工产品。新疆的少数民族独出心裁，能把矿盐刻制成精美的盘、碟、碗、盆之类的工艺美术品，晶莹剔透，别具一格。现代人生活在化学世界里，发掘盐矿，发展化工，是现代生活必须具备的条件。彭加木也有一点恼火，外国人早就对罗布泊觊觎垂涎，我们自己有些人却漠然置之。他真想立即把罗布泊的"宝盆"打开，让那些不懂世事、坐井观天、只能坐在沙发上画圈圈的人们开开眼界、大吃一惊。不弄清祖国的资源，有朝一日把一个混沌世界交给后代，怎有脸面去见先人呢? 50 年代，我们重视过自然资源考察，后来松了。彭加木想把这个事业重新振兴起来。

彭加木到中国科学院新疆分院各有关的研究所征集人才，愿意参加的不少，最后组成了一个罗布泊考察队。内中包括六个科研人员，三个司机，一个管理后勤、行政工作的干部。装备极其简单:两辆小车,一部大卡车,只有四个汽油桶能装汽油,有一顶帐篷。我们科学考察条件很差,但是,不能等待啊!

通向罗布泊的道路是极其险峻和残酷的。历史上有不少学者都曾试图打通罗布洼地的道路,进行科学探险,结果都以败退告终。1879 年,有一位欧洲人,从上海到广州,又到河西走廊。他本想出敦煌,沿着疏勒河故道西去罗布泊。他听说那条道路上的艰难,便望而却步,退了回去。俄国有个文化盗贼曾经四次闯进新疆考察,他只到达塔里木河流域,连罗布泊望都没望上一眼。1899 年那个叫斯文赫定的瑞典人,本想顺着塔里木河到达罗布泊。他带着一帮人,在塔里木河流域发掘了不少文物。他们前行到罗布泊附近的废墟,便因为中途断水而返。20 世纪初,英国人斯坦因发现了楼兰古城,却只能远离湖岸望一望湖中飞起水凫鱼鹰。当他们在那里考察的时候,途中死了七峰骆驼、三个仆人,他本人最后只穿一条裤子狼狈不堪地爬出沙漠。1928 年,瑞典人斯文赫定再次考

△ 斯文赫定泛舟罗布泊

察塔里木盆地。他带着一支庞大的考察队，有地质、人种、考古、气象等科学者28人，有34名仆人，共有骆驼392峰。他们中的一部分人只达到罗布泊附近的沙漠地带。罗布泊的魅力让这些外国人垂涎欲滴，然而，他们谁也没有办法染指浩渺的罗布泊圣水。

现在，在1980年5月，在中华人民共和国的土地上，中国人自己的考察队，踏着前人由此败退的道路，向罗布泊进发了。

5月9日，三辆汽车离开七二〇，裹着滚滚黄尘，向东南方向的罗布泊进发。彭加木坐在打头的吉普车上，司机握着方向盘，按着彭加木的手势拐弯、减速、加档。这既不像农村，也不像城市，有各种标志提醒司机注意车速、回车、转弯。这里是一片戈壁滩，凡是有蜥蜴、兔子奔跑的地方，凡是看来不陷车的地方，就是道路。彭加木不时地看看袖珍罗盘，修正前进的方向。罗盘只能指明大致的方向，而车辆所能通行的道路，时而东，时而西，时而南，时而北，在沙包、沙梁、沙岗、沙沟中盘旋，是很难固定一个目标的。这就要走走、看看，修正方向。整个考察队只有一份二十万分之一的地图，放在彭加木的左手座椅下。他不时地打开地图，根据地图上的方位和等高线，选定前进的道路。地图是我国60年代翻印、由苏联40年代测绘的，有些陈旧，不足以反映近半个世纪罗布洼地地形、地貌的变迁，实际情况和地图标明的相差甚远。而且，据说，那些外国人测绘的地图，有意制造一些混乱，使现在使用起来更加面目不清。走一段路，彭加木就把新的发现地标明在地图上，并对地图进行修正。

彭加木坐的车成了前导车，后边跟着另外一辆小车和大卡车。大车驾驶室里坐着一位解放军战士小肖，耳上挂着耳机，座位旁边就是一部电报机，他可以用这部电报机同七二〇营地的小刘、小杨联系，按约定时间向营地报告考察队的行踪。这个四川小伙子，每走一程，就要试试同营地的联络通畅不通畅，通话、通电效果如何。他的代号是"长江"，对方是"黄河"。只要他一叫"黄河、黄河，我是长江，你听到了吧？"对方就回话"长江、长江，我是黄河。我听到你的话，我听到你的话"，考察队员就感到同营地、同解放军、同所有关切他们的人，相聚得很近很近。

驻扎在罗布泊地区的人民解放军对考察队的考察工作给予大力支持。部队派出了三名报务员，配属考察队，充当考察队的耳目和神经。两人留在了七二〇营地，一个跟着考察队出征。部队提出给他们配备一些物资、器材，彭加木一一谢绝。他不想给子弟兵增加麻烦。彭加木提出："只要我们一帆风顺，我们一定尽量减少部队的麻烦。"

罗布洼地5月的天气，气温骤然上升。此时，在乌鲁木齐杨柳刚刚绽绿，百草刚刚萌生新叶，遥望天山顶上的雪冠，还给人一丝丝的寒意。这里的气温已经骤然达到了摄氏四十度以上，出了5月，到了6月，气温还将更高。考察队员要在五六月完成考察任务，退出即将到来的酷热的罗布泊火海。现在，刚刚走上征途就感到气温骤热，真不知来日火海是什么滋味。这里又是茫茫无垠的沙漠和戈壁，路不见水草。回首天山，已经不知抛落何处。早已望不见山上晶莹的白雪了。历史上的考察队进入大沙漠，常常都在冬天，用驼、马、驴载运冰块来作为水源，既易保管运输，又能保持淡水的清润、甘美。现在这大热天进入瀚海，携带的水，又是装在汽油桶里的。

△ 彭加木在罗布泊

俗话说，流水不腐。考察队长途跋涉，久经颠簸，又受烈日暴晒，谁又能料到那油桶里的死水变成什么样子呢。

汽车走了不远的路程，水箱就咕咕咚咚开锅了。大家停下来休息。有的队员赶紧打开壶喝水，咕咕，真解渴。彭加木笑着劝说："沙漠喝水不要大水漫灌，要细流滴滴。不到万不得已，千万不动贮备。平时在办公室、家里喝水，是为了品茶、镇渴，沙漠上水是用来保命的。"怪不得大家见彭加木不常喝水，多数情况是用嘴唇对着水壶抿一下，润润焦渴的嘴唇。有一口水喝就可以保命，丢一口水就会丧命。有一个外国人闯进塔里木沙漠，断绝了饮水。他带着一个仆人眼看就要被焦渴夺去生命。一天旁晚，他们都倒在一个沙包下。沙漠夜风袭来，稍有凉意，那仆人恍惚中听到鸟叫，忽然想到附近可能有水。他挣扎着，匍匐爬了过去，果然看见一池清水。他先是自己饱喝一顿，然后脱掉马靴，装了两马靴水，挂在脖子上，爬回倒下去的地方。一只马靴水漏光了，一只马靴还有几口。他把马靴对着主人的口灌了进去，主人才从死亡中苏醒过来。几十米之外，仅仅找到几口水，就救了两条命。看，水多么贵重。沙漠中黄金不贵重，水比金贵，水就是生命，就是血液。

彭加木走下车来，大家看呀，他一身打扮：头戴一顶褪了色的灰色便帽，脚穿一双高腰翻毛皮鞋；下身是藏青色锦纶裤子。上身是灰色外套，外罩一件浅蓝色工作服，两肩交叉背着两架照相机，一架是国产海鸥牌，一架是苏联制造的。他的皮鞋上挂着一把不长的匕首。他手拿着一把地质锤。另外，身上还背着一个铝制的能盛两公斤的行军水壶。嗨，这位同志，大热天的，既不出席宴会，又不会至亲好友，却穿戴这么整齐。熟识他的人知道，他有一个衣着整洁的习惯，衣着整齐，给他许多便利。罗盘、笔，都顺手装在工作服口袋里。衣襟过膝的工作服，躺下可以当垫子，晚上睡觉，工作服裹紧，还能当被子。

有的考察队员钻到汽车底座下面阴凉处，躲避烈日。彭加木却不。他走到附近一个沙包上，和衣一躺，拿出一块手帕盖在脸上，安详而舒适，好像在家里随意倒在柔软的床上。这是他特殊的休息方式。他说，这样做，可以行日光浴，经受暴热的锻炼。要不经受这样的苦功，什么时候也不能"成仙"。他的开心话，使大家感到一种开心的气氛。他的抗热耐寒的能力，使同志们感到佩服和吃惊。

彭加木在热海中躺下，不大一会儿，似乎发出一阵鼾声。他太劳累，需要充分睡眠。同时大家也羡慕他能很快入眠的能耐。好热的天啊，一个人用十把扇子扇风，也不会增加一丝凉爽的感觉，因为气流也是热的，像是鼓风机吹动着火苗到身上，可是彭加木竟然能够鼾声大作，寂然如梦。长期的野外生活养成了他的这种能力：需要紧张工作的时候，他能坚持不懈，忍受别人难以想象的疲劳和艰苦；需要养精蓄锐、焕发热情和充沛的工作精力的时候，他会闹中求静，乱中得安，抓紧机会休息。

突然彭加木猛地坐起来，顾不得拍打身上的沙土，起身去追赶什么东西。他三五步奔走，一个箭步踩住一条爬虫，是一条身上滑溜溜、表面布满鳞片的四脚蛇——学名蜥蜴。原来彭加木又有警觉、灵敏的长处。正当他熟睡时身子底下似乎有爬虫蠕动。他猛然惊醒抓住了蜥蜴。这丑恶的、令人毛骨悚然的东西，摆着小尾巴，像蛆一样，使人生厌。在这荒凉、穷荒不毛的沙地里，它是最繁盛的生命了。但是，谁对丑恶也不怀好感。蜥蜴和其他蛇一样，在人类的神话传说的经典中，他们是罪恶、邪恶和令人畏葸的象征，无论长相还是行动他都不能叫人讨喜。可不像在沙漠中碰到银雀、红隼，甚至狡兔那样叫人开心。人们不是用石块砸死，便是厌恶地躲开它，还有人把它提起来，切断它的尾巴，看它又如何挣扎着复活尾巴，连接起来逃遁。

彭加木踩中一条四脚蛇，拧掉它扁扁的小脑袋，又剥去了皮。其他队员看他这般举动都惊异而起。他是学生物化学的，知道人类在生物界中，会遇到什么样的敌人，什么东西对人有害。尤其是生物界，蛇、蜥蜴身上那令人畏惧和厌恶的特征，在一般情况下都是对人体无害的。人们的宗教信仰和许多传说所描述的蛇、蜥蜴等等，并不符合生物学本身的规律。其实他们大多数肉味鲜美，具有药用价值。这些生活在荒漠、泥沼、草原、碱水一类严酷环境中的生物，同昆虫、雀鸟、哺乳动物互相制约，表现着物物相克的道理，维持着一种生态平衡。他们还是研究古生物的重要标本。据说蛇生活在地球上有一亿年的历史了，蜥蜴是传说中和恐龙同时生存于地球的。后来由于地球的变化，恐龙消失，蜥蜴退居到条件严酷的地方生息，躲开人类到这荒僻的地方图存。随着人类文明的发展，他们可以退避的地方越来越少，人类要想从它的身上看出原始的生物形态，越来越困难了。人类对于他们的毫无理由的恐惧和憎恨实在是冤枉了它们。

1980 年 5 月 9 日，在大约东经 90°，北纬 46° 60′ 的一片土丘密布的"雅丹"地貌中，彭加木率领的考察队在这里建立了宿营地。这个地方地图上标明叫咸水泉，实际上滴水全无。大约历史上曾有一泓清水，后来盐渍化，成为了咸水。随着整个罗布泊的干涸，它也荡然无存了。这儿离出发地七二〇有七十来公里。考察队建立了营地，安排这里作为纵贯罗布泊的桥头堡，开始人类历史上不曾有过的穿越湖盆的进军。

5 月 10 日，彭加木和助理研究员老马等四人，乘坐一辆北京牌汽车朝前开路，后边一辆大卡车跟随而来。它们迈开了纵贯罗布泊的第一步，走进了湖盆。地面上全是白灰色的盐碱土，松软成粉末状，车轮子陷进三四十厘米深。之后，又是凹凸不平的碱包，密密麻麻，一个接一个。车行了二十余公里，道路愈加难行。车在碱坑和灰土中颠簸，人被摇得前仰后合，但大家的兴致很高，车稍一停，就忙着测量温度、测气压、试风力、取样品、照相拍景……中午，气温达到 48℃，一丝风都没有，酷热、干燥，使人感觉喘不过气来。极目远眺，天地交界处有一条淡蓝色的彩带，上边似乎有些影影绰绰的东西在摇动，大家分析，这可能就是沙海中的"海市蜃楼"了。令人心旷神怡的幻景，此时已经不对人们产生诱惑力了，现实的湖泊的神秘更使他们着迷。大家顾不得炎热和干渴，在彭加木的指导下，立即进行了考察。他们挖了一个 80 厘米的深坑，里面露出灰绿色的沙土层，中间夹杂着呈颗粒状的石膏层，用嘴尝一尝，味咸且苦，料定有钾盐和镁元素。然后，取出一些样品，放在采集袋里，准备回去以后详细化验分析。

这时，有个考察队员从远处拾来一只死鸟，引起了同志们的极大兴趣。这是一只叫不出名字的候鸟，在飞行途中因经不住涸海的干涸而死在这里。一会儿，考察队员又发现十几只带翅黑色的蚂蚁，这是不是湖底地带发现的唯一活物呢？大家议论不止。

考察队面前是龟裂的盐壳地带。坚硬如石的盐峭耸立，高达 80 厘米。开始，车还能艰难地行走几步，最后终于被石林一般的盐峭完全挡住了。仔细察看几乎全是正多边形的结晶体，直径 50 厘米到 100 厘米不等，周围翘起，中间凹下，宛如荷叶一般。在这样的路上行走，只有司机们着急。一看车，哎呀，刚换上的新轮胎被锋利的盐峭全划成了鸡蛋般大小的碎块，车上拉杆也被碰坏了。

这一天，他们在大约东经 90° 23′，北纬 39° 56′ 的地方，留下一个扎着红绸带的标杆，上写"科 80—001"。它标志着科学工作者的足迹第一次留在这里。

一个考察队员这样描述他们纵贯罗布泊的最初几天经历：

"1980 年 5 月 9 日。考察队到达咸水泉，这里离龙城不远。彭加木向我们讲起了他去年探查龙城时的经历。彭加木引用一首唐诗：'秦时明月汉时关，万里长征人未还。但使龙城飞将在，不教胡马度阴山。'这里说的'龙城'是阴山一带的风蚀地带，和罗布泊的龙城一样巍峨壮观。汉朝有个大将李广，猿背善射，结发从征，大小七十余战，人莫敌，匈奴畏惧，称他为飞将军。彭加木说，我们现在抗霸斗争也需要这样的飞将军。

"考察队第一天就在古河谷雅丹地形 8 米以下地方，发现有绿色岩样，挖坑 20×60×30 厘米，有沙土层，采到岩样。

"这里风大，炎热，气温 29℃，地表温度 32℃，风速每秒 4.5厘米。

"1980年5月10日。考察队进入湖盆。在宽阔的河滩地带，挖坑30厘米以下有黑绿色淤泥层。绿色泥层深厚8厘米，芒硝层有80厘米厚。我们考察队第一次对罗布泊湖盆底下的秘密找到了证据。

"1980年5月11日。考察队继续向南挺进。一路上全是六边形硬盐壳网状面，质地坚硬，隆起有80厘米甚至1米多高，阻挡道路。我们用锤子开路。彭加木说用铁锤也要开除前进的道路。

"有的地方是鳞层状的盐壳地带，盐层厚约10厘米。有的地方是波浪形的沙带，成西南东北方向的形状。可能是受东北—西南方向的风吹动形成的。

"1980年5月12日，考察队分组两路，分别向南和西南探路。每走三四百米，立一标帜，生怕回来时找不到原路。到处是凌翅飞檐一样的盐壳，高达60至70厘米，低的也有20厘米。无法前进，就地取样，1米以下有水渗出，盐壳底下的淤泥是墨绿色的。挖到1.6米以下，看到黑色淤泥有规则地排列在盐层中。

"这里发现有鱼鹰骨骸和贝壳，还有干死的芦苇、红柳。可见，罗布泊曾经是碧波渺渺的泽乡。那芦苇、红柳根可能是由上游河冲刷下来的。"

请你翻翻所有关于罗布泊的记载，有过对于罗布泊湖盆的描述吗？没有。湖底资源的秘密正在被科学工作者揭穿。

5月13日，彭加木率领考察队返回七二〇。他们要进行装备补充和休整，要把纵贯罗布泊的进军进行到底。

第二次纵贯穿越是从5月30日早晨开始的。近一个多月来的野外考察，队员们的体力已有很大的消耗，现在每前进一步都感到十分疲劳。汽车在地表52℃的盐碱灰上行驶，不到10分钟水箱就"开锅"了，只好停下来冷却，有时一天只能行驶十几公里。中午，人像进了蒸笼一样闷热；清晨，气温下降到只有五六度，只得又把皮背心、大棉袄穿上。有时队员出现气喘、头晕、恶心的反应。气喘头晕的同志吃几粒"仁丹"，或者在汽车底下的阴凉处躺一会儿，又坚持工作了。

6月2日傍晚，经过一天长途跋涉的考察队正在搭帐篷。突然，刮起九级大风，大风卷起的沙土、碱皮，铺天盖地扑来。两个小时以后，大家才搭好帐篷。十几个小时没有吃饭了，水也烧不开。可是，在吉普车里，彭加木和另一个同事打着手电，正在赶写考察笔记，研究明天的行动方案……

考察队走了四天四夜以后，前面仍然是茫茫无涯，带来的五桶水只剩下一桶半了。大家更加注意节约用水。刷牙、洗脸两天以前就取消了，他们学着彭加木的饮水方法，每次都是抿上一两口润润冒烟的嗓子，争取多坚持几天。

此时，彭加木的心情比同志们更加焦虑，他一边探路考察，一边寻找维持生命的水源。一天下午，他不知在什么地方发现了一寸多长的小草，高兴极了，老远就向同志们喊："快过来看看，发现了绿色植物，我们有活路了！"

不久，他们终于穿越了盐壳地带，接着又找到了古河道，遇见冲积下来的松树枝、死鸟、死马、死羊、破布、绳子等，以及两处烧火的遗迹。6月5日，到达了目的地——米兰，胜利地完成了史无前例的纵贯罗布泊湖底的任务。

我们借此机会公布三封信，这是一个忠勇的共产党员，一个鞠躬尽瘁的科学工作者写的关于罗布泊的科学报告，反映着考察队的成绩和为之奋斗不懈的精神——谁能想到，这些东西不几天后竟然成了作者的遗嘱和遗著。

第一封信，是彭加木5月28日写给中国科学院上海生物化学研究所助理研究员陈作义的。他们是亲密的同事。年初，他们还一起到海南岛进行科学考察——谁知道这封信竟成了彭加木给他生活、工作了三十来年的上海寄出的最后一封信。信中说：

"昨晚5月27日，在罗布泊北部地区山前的一个'咸水泉'的帐篷里读到你5月8日的来信。得悉组内科研工作积极展开，并又有可喜的收获，这些好消息给我以极大的鼓舞。

"我们在5月3日出发到南疆考察，5月9日开始进入湖区，由一个七人的探路小分队，一部五座、一部Ta3-63车，带着四大桶水、两大桶汽油，一顶帐篷和粮食、炊具等物，自北往南纵穿罗布泊湖底。湖表面已没有水，飞机上看是平坦坦白茫茫的一片，但是地表却又很大差异，有些地面松软陷车，有些地面覆盖着一层沙子，有些却是碱土、硝土。有时经过风带，时速10米／秒以上，白天最高气温达48℃，地表温度55℃，晚上最低气温则在10℃以下。进入湖区第三天晚上，遇到高大、坚硬、锋利的盐结皮（盐壳），竖起在地面上有60到80厘米高，像一道道墙壁一样堵住前进的道路，汽车轮胎被锋利的晶块切割，被"啃"去一小块一小块的，损耗过大，无法继续前进。当晚就只好露宿的盐结皮的小窝窝上。次日侦查周围情况，还找不到合适的出路，而所带的油、水又消耗不少，只得原路返回，准备补充装备以后再前进。回到咸水泉宿营地之后，在五月中、下旬又组织一次向北部地区的探路，直上吐鲁番，然后再返回咸水泉营地，往返花了八天时间，收获不少。到过野骆驼分布很多的山沟，也到过上月报纸上登载过的'铁岭'铁矿。在山上常常找不到路，只是凭地图及罗盘定向，再遇到刮大风，五十米以外的大山都看不见。在湖里则是一望无边，没有一个可以定位前进的目标，也是仅凭罗盘指路。这两天正在准备，再度进入湖区，纵贯罗布泊，希望还到阿尔金山前……"

第二封信是彭加木6月7日在米兰写给中国科学院新疆分院负责人的。因为路途耽误，多次辗转，这封信到6月28日才到达新疆分院——而这时，彭加木已经离开我们十多天了。信中说：

"5月27日……我们研究工作计划，决定组织一个精悍小分队再作总贯罗布泊的尝试，余下几位同志则做洼地西边的考察。5月30日进入湖区，31日到达湖南段，上次受高大盐壳地带阻道的位置北面不远。翌日向东探了一下路，然后往西走了一段，绕过高大盐壳地带。第四日即沿西南角的古河道向米兰推进，不时穿过距离较短、高度略矮且较疏松的盐壳带。不久就进入了古河道，遇见冲积下来的枯树枝、死鸟、死马、死羊、破布、绳子、挎包等物，以及两处烧火的遗迹。第五天开始捡到竖立在阿尔金山背面的测量点三角标，以后基本上顺着三角标的指示，终于在第七天到达米兰36农场，人、车安全，仅大卡车在第六七天气缸发生故障，现在已在米兰找到修车材料。打算在两天内把车修好，补充汽油、粮食等之后，在6月10日左右再出发往东，到疏勒河下游地区考察，预计在 6 月底以前可以结束第一阶段的野外考察工作。此次胜利穿越盐壳地带，自北而南纵贯湖底，沿西南角古河道安全来到米兰。这是个很大的收获，对罗布洼地的中心地带已有所了解，初步揭开了罗布泊神秘的面纱，敲开了进入罗布泊考察的大门，为以后的工作打下基础。

　　"进湖区考察的小分队由一辆五座，一辆 63，带五桶水、三桶汽油、帐篷、粮食等物，共 6 人组成。人员少，消耗的水、汽油也相对减少，这就等于加强了装备，保证纵贯湖底成功……

　　"进入罗布洼地考察，虽然因为自然环境比较严酷，高温、干旱、风沙大、没有水、远离居民点，给工作带来许多困难，但是，从此次考察取得的经验看来，只要做好充分准备，是完全可以进行工作的。当然，工作人员也必须做好接受艰苦锻炼、考验的思想准备的。"

　　下边是另一封的摘要。6 月 8 日，彭加木又给上海的陈作义写了一封信，继续介绍考察队的生活。信中说，考察队穿越湖盆后——

　　"到达阿尔金山前戈壁沙子地带和山脚下红柳沙丘交界处，在正要扎营休息时，忽而前面刮起大风，风沙迎面扑来，稍过一会儿，离开三十米远的高大红柳包就看不见了。等到风势减弱一些，天快黑了。第二天，司机要修车，我们则到戈壁滩上捡石头。阿尔金山的石头可真美，做盆景上的假山再好不过了。千姿百态，奇峰突起，多是风沙侵袭的碳酸钙岩石生成的，在上海花木商店就看不见这样好的东西。我真想捡它一车带回上海呢……"

　　彭加木信中叙述说，他在米兰碰见了两位青年，当初决定来新疆建设边疆，正是受到了彭加木献身边疆精神的影响。彭加木早就用自己的火点燃了别人的心，用自己光辉的生命为别人照亮前程。

→ 补天浴日动天地

★★★★★

　　彭加木率领的考察队，前后经过七天，走了四百来公里的路程，于 6 月 5 日到达米兰，在这里休整、补充装备，筹划着一次新的征程。

　　米兰这个地方，处于大约东经 89°90′，北纬 39°30′一带。它西南通若羌、且末，有简易的用红柳和戈壁碎石铺垫起来的沙漠公路，沿着阿尔金山北麓和塔克拉玛干大沙漠的东南缘，有另一条简易公路穿越葱岭。米兰向东南，可以到达和田—喀什，穿越葱岭。米兰向东南，可以沿着另一条简易公路穿越阿尔金山峡谷，通过青海的芒崖。在 20 世纪初，斯坦因到这里探险考古时，这里是一片不毛的沙滩，除了古堡的遗迹，残破的文字、烂布以及一些漆皮鱼鳞战甲或残片以外，这里看不出任何的生命证据。研究遗迹，断定它是 4 世纪时，楼兰王国从罗布泊北端南迁来到这里建立的一个新城。翻开陈旧岁月的记载可以知道，从汉以来，米兰古地也是内地和西域交通线上的一个要地。唐玄奘以及马可·波罗，都到过这里。不幸的楼兰王国（迁到米兰后改为鄯善国），被干旱、风沙所迫，遗弃了他的罗布泊北端的故土，又遗弃了他的米兰新城。楼兰有功，它沟通这丝绸之路上许多的香客、使臣、商贾、将军和士兵的来来往往；沙漠无情，它埋葬了多少生命、文化和历史。

彭加木现在居留的地方是一个复活的土地。人民解放军1949年把解放的大旗插遍新疆的时候，米兰古国已经引起他们的关注。他们在这里建立了国营农场，兴修水利，种植稼禾，还种了葡萄、苹果和香梨呢！被风沙吞噬的绿洲，回来了。

彭加木在这复活的土地上，兴奋极了。他爱那些绿色的生命。二十年前，郭沫若院长曾给他题诗，就表示过戈壁变良田的愿望。他自己又酷爱大自然，任何绿色的生命，都令他欢欣鼓舞，特别在这曾经是穷荒不毛的死地。说来也是巧遇，他在米兰碰到一个上海来的支边青年，原来那青年正好是十多年前受到彭加木先进事迹鼓舞来到边疆的。他们曾经在戈壁新城石河子合影留念。后来这位青年又要求来到罗布洼地附近的米兰参加建设。他们要开垦出一片新地。他们两个人年龄相差整整一代，心却一致。彭加木祝年轻人都有开拓、建设的雄心壮志。那年轻人感谢彭加木说；"你早就讲过要做革命的架桥木，是你教会我们珍惜生命，使生命没有轻抛弃虚度。"

自从穿越罗布泊以来，考察队员们不知肉味，全凭咸菜、酱油下食，人都大张着欲壑，等待着喷香的肉食、甘甜的水果、浓香的美酒去填。

也真巧，在米兰农场，彭加木遇到了一位维吾尔族干部卡德尔，是前几天彭加木在罗布泊考察时相识的。卡德尔帮助考察队买了两只羊。这里远离其他绿洲，好像瀚海上的孤岛，农场职工全是生产自产自用的东西，它不能向外运输剩余物资，外边也极少运东西给他们——除了少量日用百货、布匹之类。考察队好容易在一家小商店的库房里找到五听肉罐头，舍不得吃，放下等待下一个旅程用。好像同天外联系一般，这米兰孤悬世外，任何接济都很困难。现在，卡德尔从农场为他们买来的羊只，真是像等待布施的人得到了垂涎三尺的美味。

考察队员们把两只羊拴在离汽车不远的一棵树桩上。中午大家休息时，一只羊不见了，本已馋涎欲滴到口的肉丢掉了，谁个不丧气懊恼呢？队员们分头去找羊，一只活物，不容易找着，彭加木提议把另一只赶紧宰杀了，免得又丢失。

彭加木解开自己腰间佩戴的一柄匕首。这是他在一个旧货摊上买来的。多年以来，他刀不离身，带着它，走了许多地方。野外工作，一柄匕首，太重要了。采标本、砍树枝、切菜做饭、宰杀野物、埋桩搭架，还能与凶兽搏斗，真是处处用得着的"宝刀"。

彭加木找到一块细石，把刀磨了一阵，试试刃，倒也锋利。可是他没有宰过羊。鸡鸭鹅他可以宰，牛羊猪那些庞然大物的生灵，要叫他搏斗，他还可以拼一个有赢没输，但要下对刀口，出血干净，皮张不破，却是一样技术，他却没有这分能耐。不然，那屠宰技术便不值钱了。考察队的老陈同志是个转业军人，虽说也没有宰过羊只，倒是见过宰猪、宰狗。他要过彭加木手中的匕首，叫另外两个队员一个压着两条羊腿，便要向羊只脖颈上捅。任何生命都要挣扎图存。那肥羊踢腾着四肢，眼睛冒着血红的光，惊恐地嘶叫着。它恋那绿草、清泉、白云和哞哞的羊群。不知谁嚷着叫一声："它不忍离开世界，应该念经文祷告……"据说伊斯兰教宰杀牲畜要有祷词，生灵才会平安归天。彭加木听别人一提醒，便兴致勃勃地唱出那首歌道："羊羔子，羊羔子，生命在世必有用，你也要为四化献力气；你给我们营养，我们为人民流汗，这也是你的功绩。羊羔子，羊羔子，快断气……"不知是彭加木的宰羊歌感动了羊只，还是老陈手中的刀口锐利，羊只总算顺利宰杀了。直到第二天才在一个羊圈里找到了丢失的羊只，它恋旧群，不忍离去呢。

宰了羊，又借一口大锅，把肉剔下，炒好存放，剩下的杂碎、骨头，熬了汤，一人美美地喝了几碗。老陈又拿了两瓶酒，款待大家。肉嫩、酒香，又有香烟提神。野外生活是艰辛的，但是人生的乐趣是一点不减弱的。

彭加木趁着兴，钻到汽车里写了两封信，报告他们考察罗布泊的经过和成绩。他还抽暇整理了考察笔记，开始撰写一篇关于盐湖资源的论文。考察日记是在一本蓝色硬纸封面、布脊裱糊的笔记本上写的。这种笔记本队员们人手一册，随时记录见闻和测到的数据。彭加木记得勤，记得多。有时夜晚宿营，同志们看到他深更半夜打着手电写作。彭加木沿途拍了不少照片，都是自己配药，立即洗出来的。他抓紧时间，争取做更多的工作。

彭加木召开几次队员会议，研究下一步行动。按照原计划，是要从米兰沿简易公路西行，绕道库尔勒返回乌鲁木齐的。但彭加木竭力动员大家从米兰东去，沿疏勒河故道再作一段考察，然后返回。他的理由是，来之不易，轻易离开不划算，宁可多走几天路，也要多获得一些资料。另外，疏勒河故道情况不明，不能判断整个罗布洼地的资源，也确实需要去。他说服了大家，决定东行，沿着阿尔金山麓和疏勒河故道两岸，考察罗布洼地南缘。

自从"丝绸之路"西出敦煌，沿疏勒河故道到楼兰，去若羌、和田的道路淹没以后，疏勒河故道没有任何人的记载，渺茫，神秘不可知，充满着恐怖的传说和疑问。研究"丝绸之路"历史的人，都是一笔写千里，只提敦煌到楼兰，其途中情景几乎没有记载，全凭一些模糊不清的资料判断线路及其地貌。

△ 彭加木在罗布洼地

1980 年 4 月，中日两国合拍一部"丝绸之路"纪录片，从敦煌西行，绕道北部库鲁克塔塔山脉，寻山泉、狭路行走。他们一度到达过疏勒河故道北岸东经92° 20′，北纬 40° 36.5′ 的一个小泉旁边，并没有进入疏勒河故道。那眼山泉，被命名为"八一泉"，最早为人民解放军的一支测绘队发现。除此之外，对疏勒河故道，几乎无一报道。谁也说不出东去疏勒河故道的难易与吉凶。1980 年 6 月 11 日，彭加木带领考察队踏上了荒野的盐壳、枯草，循着驼粪、骨骸，进入了疏勒河故道……

太阳的焦烤，沙粒的反射，罗布洼地喷火般的热浪滚滚不息。彭加木率领的考察队，在火海里、热流中流动、跋涉。

刚才还清风习习，沙漠之夜给人们的凉爽、舒适和勾引人渴望睡眠的醉意，真还没有享受够呢！可是，太阳升起来了。它很快驱散了濛濛的晨曦，掳去了早晨的清新和凉爽。

太阳越升越高，一个劲地喷着火辣辣的光焰。大沙漠好像是点燃了，烈焰滚滚，气温骤然上升，30℃、40℃、50℃。考察队有人做过测量，罗布洼地的沙漠地带，中午地表温度高达 70℃以上。如果你做一张铜钱厚的饼，放在沙地上，再覆盖上一层细沙，十几分后，就会烤熟。队员们迎着灼热的气流，呼吸着滚滚的沙尘，坚持行进、考察。这强烈的光焰，能使人皮肤干裂、渗血、脱皮。古代传说后羿射日，射落九个，留下了一个。现在你会觉得这一个太阳也是多余而且残害人生的。诅咒太阳，成了考察队员们的抵御酷暑燥热的简便方法。

一个多月的沙漠生活，使彭加木失去了端庄、白皙的面孔。他眼睛布满了血丝，脸色像炭灰一样黑，两颊的皮肉干瘪地贴在骨头上，布满了皱纹，像干枯的树枝。他本来就消瘦，这一下更显得消瘦，犹如被火烤过一般。这一个多月，他白发增加了许多，像是沙漠上离离的芨芨草。眉上、鬓角、脖子、耳根，都挂着沙粒，糊着一层细土。

考察队每天走过的道路是沙、沙、沙。

队员们每天怨恨的是热、热、热。

人们心中所盼望的是清风、细雨、清新湿润的空气。

彭加木忍受着火海、热流的煎熬，考察记载着罗布洼地的生态环境。

罗布洼地每年、每月、每日，温差变化都大，冬夏冷热悬殊，每年高低温可以相差 70℃，冬是冰窟，夏是火海。地面最高温度四月份可达 50℃。7 月份可达 70℃ –80℃。每年有三个月气温在 30℃以上。夏季，每天早晚和中午温度相差可达 20℃ –30℃。

这里空气水分极少，除极少数冷空气入侵日之外，空气一般都是纯干的空气。几乎一根火柴可以把它点燃。偶尔落点微雨，雨珠儿还没有落地，就有可能被蒸腾得没有踪影。

这里七级以上大风，每年有 80 天，八级以上大风 45 天，五级以上大风几乎有半年之多。刮起一阵十二级飓风，人不能行走，帐篷也不能架设。

彭加木率领考察队，在这样的环境中工作着，每一天都要同干热、风沙搏斗。我们的祖先在这里曾经播种、放牧、狩猎、捕鱼，而今，这里却是一片死寂。大自然怎么变得这样桀骜不驯、暴烈无情呢？

考察队最紧迫的是水。考察队离开米兰时，先带了四桶水。沙漠中，黄金不耀眼，珠宝不值钱，唯有水，可以保全性命，拯救生命。那四桶水，按照计划定量供应。除了吃饭、饮用，其他的用水都禁止了。洗脸，不行；漱口，不行；洗脚，更不行；吃晚饭，用一勺开水刷碗，还得就势喝下去。漱口水，千万别吐出来，咽下去吧。它能滋润你的身体。至于你的脚板，那好办，光脚板，到沙窝里去，走几趟，能除掉臭味，又能磨练磨练。衣服嘛，有盐渍，不怕，抓一把沙，搓一搓，盐渍也能除掉了。沙，也起到了水的作用。真到了干渴的时候，可以挖 20 厘米深，抓一把凉阴阴、水涔涔的沙贴在腮边、唇下，也会给人清凉，镇渴的感觉。

同志，你在长江边、黄河畔、珠江旁，你哪能想到水的甘甜、宝贵，你可以用碧螺春、普洱、西湖龙井沏上一杯，仔细地品尝它的清新、香醇、甜润的快感。可是沙漠不行。大家有时也喝茶，但那茶是为遮压水的涩、苦和寡味。彭加木率领的考察队所携带的水，是远距离运来的，又是装在密封严实的汽油桶里。经过烈日暴晒，慢慢就变味了。如果汽油桶没有洗净，也会使水变成紫红色。同志，你连隔夜的冷开水还喝着寡淡无味，担心隔夜茶伤身，那么，你可以想见装在油桶里，烈日下颠簸了多日的死水，是什么味。哎，要不是维系生命所必须，谁愿意去喝它！

彭加木率领考察队沿疏勒河东行。他们预定走三天，到达库木库都克，然后向北，返回七二〇，可是，现在走了三天才能到阿尔金山下的柳树沟，计算一下路程，只有一百五六十公里，离目的地还有一半。时间显得慢，路程显得远，人的精力显得不足。路途很艰难。阿尔金山下的一带洼地，表面似乎是硬结的盐碱地。但是，汽车一陷下去，便会愈陷愈深，原来这里全是沼泽，车辆几乎是用人推着前进。彭加木和队员们为了推车子，肩膀上都磨出了血。最难的是消耗油料太多，贮备的水用得太多。前面还有沙漠，困难重重，大沙漠各种危难的征兆搅得队员心烦意乱。在阳光大道上走路从从容容，即便急如星火，旅人并不面临生与死的抉择。在饮食齐备、设备周全的环境中工作，人也会劳累，但是，不会引起对生命的忧虑。在课堂上，在办公室里，在剧院里，一般人能够至谦至让，彬彬有礼。可是，在处处隐伏着危难，时时潜藏着不幸的大沙漠里，时间一长，沉静的人容易暴怒，刚强的人会产生忧虑，一个顾全大局的人会因为小事斤斤计较，忘记体谅与忍让。进与退、成与败、生与死的搏斗，一次次逼迫着考察队员做出审慎的抉择。前程是库姆塔格大沙漠，大沙漠北边就是库木库都克。向大沙漠多走一步，就多一份困难；向乌鲁木齐多回顾一眼，就多一份亲属、朋友的眷念。彭加木是一个科学工作者，定理公式、演绎推理、实验室里的观察和记载，他没有感到困难过。现在，他想鼓励同志们，要坚持，要勇敢，向前进，胜利就在眼前——

面对大自然的胁迫，彭加木和副队长协商开一个民主会，听一听大家的意见。

6月13日晚，考察队在阿尔金山下的柳树沟扎营。这天夜里偏偏起了大风，约有九级、甚至十级。涌动着猩红色的沙云，隐没了繁星、蓝天和四周的沙岗、沙丘、沙梁。大风卷起帐篷，流沙在队员面前窜动。队员一个个抱着帐篷铁杆，守着防止被风吹走。点不成蜡烛，偶尔有谁闪动一下手电，看见彭加木蹲在一捆没有打开的行李边，低着头，铁青着脸，等待大家的表态、发言。这古丝道上，走过张骞，走过班超，走过玄奘，还走过外国人。他们都不可能想到在20世纪80年代，有几个共产党、几个科研人员、几个司机，在这里共同讨论问题：是不是能够步他们的后尘，领略一下"丝绸之路"的胜迹？

一个个表态，一个个申明对考察队的认识。

彭加木首先表态：

"我现在的工作就是科学考察，我的工作岗位，现在就在罗布泊。我们会遇到困难、甚至生命的威胁，但是，我们要前进。东去疏勒河，到达库木库都克，向北，有一眼井，是有人告诉我们的，叫八一泉。我们能够到达那里，也能胜利地返回乌鲁木齐，和同志们、朋友们、妻子儿女们会面……"

彭加木想以自己的热诚感动大家，又想以自己的奋不顾身的决心激起别人的回应。许多年，他经历了许多次野外工作，他希望同志们同舟共济，完成一项事业。

"我不是一个政治家，可我是一个共产党员。任何艰难险阻、难以逾越的障碍，我愿首当其冲……"

彭加木的话，充满信心和热情。同志们，还有什么犹豫，还有什么胆怯？站起来，挺起腰杆，这时候，更需要团结一致，互相体谅，患难与共，祸福同当啊！

6月13日的夜晚，狂怒的风几乎刮了一夜。考察队员们一宿未眠，第二天，风沙停止，考察队员们向东挺进。

那是什么？在金灿灿的光焰照射下，在库木塔格沙漠的沙梁下，飘动的猩红色的云掠了过去。

那红云，似屡屡霞光。

那火光，似红锦彩缎。

彭加木坐在前面的一辆小车上，首先看到了那红云和火光。景色奇丽极了。大漠，蓝天，飘动的火，猩红的云，只有童话和传说的境界中才有。

"骆驼、野骆驼……"

彭加木惊喜地叫了一声，同志们都纷纷振作，睁大眼睛，看飞驰的骆驼群。

可不是吗，一定是古丝道上的第一次隆隆的汽车声，惊动了骆驼群。野骆驼是一种年代久远的物种。随着现代文明的发展，它逃遁到沙漠、孤寂的地方生息。躲避着人类的追捕和骚扰。野骆驼数量极少，是世界稀有动物之一，在科学研究上有极高的价值。

看哪，漫漫的沙原上，飞驰着一群发了狂似的骆驼。驼群闪着古铜色的光泽，昂首向天，催动着四蹄，掀起阵阵沙雾，像驶过大海的船尾后边激起的雪浪，又像是凌空飞行的飞机翼下的祥云。神话传说中的神驹、龙马，是不存在的。但可以从眼前这像一团火一样飞奔而去的驼群，想象到神驹、龙马的风采。

考察队员们都催汽车司机快开，追，要是能捕捉上，可多好啊！

罗布洼地的野骆驼极其罕见，早为世人称道。有一个俄国盗贼，曾经偷偷考察新疆，弄到一张野骆驼皮，带回彼得堡，因而轰动整个欧洲。上个世纪末，有两个外国人，常为塔里木盆地不可逾越的神话而陶醉，他们想试试自己的命运。他们带了一支由二十匹马、四十头驴组成的考察队，沿着塔里木河来到了罗布洼地。这两个都是射猎老手，他们声称此行的目的是为了获取野骆驼标本。他们花费巨资，遭遇到断水困难，险些困死沙漠。他们掠去了四峰野骆驼，向世界宣布他们成功。

野骆驼栖居在荒漠中的灌木丛地带，常结成十几峰的小群。它胆怯而机警，嗅觉敏捷，能感到十几公里以外的泉水存在。它善长途奔跑，常作数百里的季节迁移。野骆驼的经济价值极高，驼毛可纺织，驼肉、驼峰、驼乳都是富有营养的饮料和食物。驼骨、驼掌、驼鼻和驼胎等，都是贵重的药品和工业原料。我国元朝时候，有人专门写了一首诗，赞美驼蹄做的汤，"肉极美，蹄为羹，有自然绝味"。

考察队在沙漠中急驶，汽车司机加足马力追赶驼群。距离越来越近了，数一数有十七峰，可真不少啊。那驼群一边飞奔，一边左顾右盼，像是互相照应。有几峰显然是幼驼，包围在大驼中间。几只公驼吼叫着，守护在后边，像防御袭击，又像督促幼驼逃遁。

两辆汽车从两边夹追着群驼，野骆驼更加惊恐。有几只母驼和幼驼惊惶失措，在驼群中横冲直闯。这一下，驼群速度减慢。一位年轻的考察队员摸出身边的手枪，对准一只母驼就放。枪声激起了驼群的愤怒，他们昂着头边跑边吼叫，声音宏大而凄楚。那考察队员连着开了几枪，一峰母驼停住脚步，呆呆站立着，少顷，长嘶一声，栽倒在地。那峰母驼倒下，另一只幼驼却不怕死地从驼群中跑了出来，到了母驼尸体旁伫立不动，像是默哀告别。趁此机会，一位司机从驶着的汽车上蓦地跳下来，直扑幼驼，幼驼惊惧逃窜，却已被汽车和人包围。那幼驼很勇猛，拼命地从人群中跳跃挣脱。司机又一个箭步跃上去，一下子搂住幼驼脖颈。幼驼挣扎，把他在沙上拖了十几米远。直到其他队员赶来，才把幼驼捕获。

彭加木和队员们围着母驼和幼驼，喜出望外。这是考察队出征以来最丰硕的发现了。大家围在一起，评论这平时看来蠢笨而实际叫人爱怜的野生动物。它酷似家驴，头较小，耳朵也短，上唇分裂为两瓣，形似兔唇。颈脖长，弯似鹅颈，动辄仰天长啸。四肢细长。足如盘。尾较短。野驼与家驼的主要区别为驼峰矮小，四肢长，毛短，掌狭，全身披以细密而柔软的绒毛。毛为棕黄色，酷似神驹、龙马披着的光焰。

考察队就地安营。这地方叫库木库都克。库木库都克，维吾尔语就是沙井。所谓沙井，是沙漠涌泉自然形成的，有一间房那么大，十来米深。过去可能有水，现在已干涸。历史上有过记载，古丝绸之路从这里通过。当年也许是一个驿站，但漠漠黄沙早已掩埋了它的历史和遗迹。

彭加木磨刀霍霍，亲自解剖母驼，几天前，他不知如何宰杀一只羊，现在他却能解剖母骆驼了。他慢慢地剥下皮张，把它在沙滩上摊平，想借助地表的高温，制作加工。打开内脏，发现野骆驼胃壁上有无数囊，贮存了大量水分。驼峰好肥呀，大约有几十斤油。就凭这胃和驼峰，它可以半个月不进食，维持生命。这庞然大物，却长有一对光芒四射的眼睛，又是双眼皮，长睫毛，挺叫人爱。凭着这双眼，他不怕风沙，能够沿着既定的目标前进。骆驼既聪慧，又耐劳，它不畏劳苦跋涉在漫漫沙海中，始终如一；它适宜荒漠苛刻的环境，不为严酷的生活条件所屈服。骆驼是沙漠中英勇不屈、大无畏的象征。

彭加木从母驼乳房中挤出乳白色的、散发着淡淡的腥臊、又有一点异香的乳汁。他吮吸了几口，味道美极了。他叫同志们尝尝，别人不敢。他戏笑别人不勇敢，没有口福。他把驼肉切成块，放在一口锅里，自己找了一些红柳和芦苇，点着火煮。慢慢的荒野上飘着一缕缕驼肉的香味……

那峰幼驼缚在汽车边，焦躁不安地踢着、跳着，昂头呜呜叫着。绳索一下不能改变他的野性。它往汽车上撞，使劲摇着脖颈。给他端来水，拔来一捆骆驼刺，它都不饮不食。妈妈被屠杀了，它失去了自由，面前又都是一些它从来不曾见过的恐怖的敌手。幼驼绝食、哀嚎、暴怒。

到这时为止，考察队离开米兰已经六天，行程三百六十公里，汽油消耗得只剩下几十公斤，三辆车，只能再开动几十公里；水剩下一桶，约有一百六十斤，才两担水，十个人只能维持一两天。特别是水已变质、变色、腐臭，很难饮用。前进的道路、目的地，都很渺茫，缺油、断水的危险，又像铅一样压着同志们的心。

到达库木库都克的下午，彭加木即派副队长和另一个队员，乘一辆小汽车，在周围转了一转，希望找到一点水，可是一无所获。这地方虽然是疏勒河故道，却无一点有水的迹象。除了北面是丛深的芦苇和红柳外，南、西、东三面被沙漠包围。营地的帐篷建在沙原上，离芦苇、红柳丛有百来公尺远。这样蚊虫少，傍晚风也凉。同时，目标明显，往来出入易于发现。芦苇、红柳丛中隐藏着高高低低的沙包、沙岗、沙垄。地势凹凸不平，人一进入芦苇和红柳丛，就会失去目标。穿过芦苇和红柳丛，又是龟裂的盐壳地带，盐壳板结似铁，人走上去，时时有被划破脚的危险。副队长几个人跑了几趟，没有发现水影子。那芦苇和红柳丛生的地方，也只能是盐碱特重的地下水，没有贮存淡水的条件。副队长是搞地下水文的，也找不到水的踪迹。考察队陷于困难的境地。

傍晚，彭加木一边煮驼肉，一边同大家商量着找水的事。他明明听人讲了，离此附近有一个"八一泉"，不久前，中日两国"丝绸之路"摄制小组的人员曾经发现，并在那里饮用了淡水。他把那个地方标在了他带的地图上。只要地图上有一个井泉的标志，他就感到一种碧波淼淼的诱惑。他提出，明天自己亲自去找水。

晚上，照例是队员们的碰头会。尽管劳顿辛苦，队员们今天还是兴奋的。终于到达了库木库都克，这次探察罗布泊的行动，不久即可结束，踏上归程，这是一。发现并捕获了野骆驼，这是考察队一次奇异而硕大的成果，光凭这一点，就应该为这次考察干杯! 将来把那幼驼送到北京、送到上海饲养、展览，使人们对这远古就存在的活化石开阔一点眼界，这是二。当然还有其他的发现，回去分析、化验，写出报告，作出鉴定，并且安排预计 11 月份再次进行罗布泊考察。

碰头会开得饶有兴味。一边吃着彭加木煮的驼肉，喝着肉汤，一边议论着下一步行程的安排。首先是水和油，要赶紧解决。水和油决定着成败。

彭加木愉快而自信。他特别提议，向中国科学院新疆分院报告野驼的发现与捕获，并且要为有关人员请功。彭加木说："我们一边可以向部队求援，请求用飞机接济汽油和水，一边自己找水源。飞机飞一趟要花费好几千，一次也只能运二三百公斤，一公斤水值几十元。这不划算。我们找到了水，就可以给部队减少压力，节约开支。特别是，找到了水源，以后的考察就大为方便。"

彭加木处处时时想到节约。有一次，有个同志用汽油喷灯烧开水，他发现了，就毫不客气地批评。考察一路免不了有剩饭、剩馍、剩菜的。彭加木都叫收藏起来，不要抛掉。他自己的口袋里就有装了许久的干馍片片。他常说，留上一口，也许有时候有救命的用处。

彭加木又常常叨念着进一步考察罗布泊。不久前他穿越湖盆时，对一位同志讲，盐湖资源这样丰富，有一天，沿着疏勒河故道修一条铁路，从敦煌通到这里，把盐送到内地，支援全国建设。他情愿那时到盐厂当一个技术员。他盼望能够打通东去疏勒河——敦煌的通路，为未来的修路，找一点根据。

彭加木亲自起草了一封电报，拍给了七二〇：

"我们今天二十点到达库木库都克地区西大约十公里的地方。我们缺油和水，请紧急支援油和水各五百公斤，在十八日运送到这里。请转告乌鲁木齐科学分院。我们捕获一峰野骆驼。"

考察队在沙漠地区进行野外工作，缺油少水，本是随时都能发生的。考察队出发时部队驻军表示，一旦缺水，即告即送。按照约定的通报时间，6月17日早上九点半，彭加木又起草一电报发到驻军部队："我们无法前进，请飞机到来支援，标志一杆红旗，地点：东经90°51′，北纬47°17′。"

1980年6月16日晚二十二点以后，在考察队库木库都克宿营地和遥远的四百公里之外的七二〇之间，频繁的、紧张的通讯联络，忙个不停。一场牵动了全国人民的、令人震惊的事件，过不了许久，竟然发生了……

1980年6月17日，凌晨五点。沙漠醒得特别早，朝霞把考察队的帐篷涂上一层淡淡的金色。彭加木也不知是没有睡眠，还是抢先起了早，已经坐在帐篷外的沙地上写着什么。副队长醒来走出帐篷，看见彭加木，先打招呼，然后说起今天准备早早出去找水的事。副队长看着彭加木旁边的灶火，还星星闪闪，看看锅，里面还有滚热的肉汤，煮好的驼肉盛在盆里散发着浓香，副队长看出来，彭加木又是一夜没睡。他连着煮了几锅肉，加了调料，烹调得很可口。他要把肉食加工好，为以后的生活积蓄一点食品。

彭加木依然是惯常的衣着：褪色的灰色军帽，米黄色高腰翻毛皮鞋，藏青色锦纶裤子，浅蓝色工作服。他十字交叉挎着两架照相机，身边放着一个黑色的、没有拉链的、人造革的手提包。熟识彭加木的同志都知道，这个黑色的提包，虽然不大，却有丰富的藏物：他的考察日记，一把小锤，一瓶泡着枸杞的药酒，一包清香的奶糖，也许还有一些什么食品。彭加木总不大让人替他拿这个包。有一次野外考察，他托别人拿，那人对这不显眼的东西不大在意，竟然丢了。彭加木返回老远把提包找到了。他告诉人家，包里有药、食品和一点用具、胶卷之类。他在野外工作，遇到饥渴，就要靠那些食物和药酒维持生命；笔记本、胶卷更是他形影不离的东西；他要把发现、收获，都记在日记本上，采集的标本装进提包。去年一次从楼兰归来，当大家精疲力竭的时候，他从提包里拿出了水果罐头、糖和酒，请大家消除疲劳，振作精神。那个包真成了他的"宝箱"了。

副队长看彭加木已经像是收拾停当，准备出发的样子。知道他找水心切，对事认真，赶紧去催促汽车司机起床。然后又加了几把大火烧开水。一会儿，烧好了一锅水（是把蒸馍用的蒸汤水重新加热的，舍不得倒掉蒸汤水啊）。他把彭加木的水壶、司机的水壶和自己的水壶拿来，先装了两壶，到装自己水壶时已经没有水了，算了，走的时候装点冷水也可以过。

朝霞迅速把夜色驱尽，大漠通亮通亮。大漠日出可真美！它红彤彤的脸庞散发着柔和的光芒，吻着无垠的沙漠，沙漠尤显壮丽、辽阔。彭加木站起身来，迎着朝阳活动一下身骨，疲劳似乎消失殆尽。他整整行装，催司机发动汽车，准备出发。他今天要去找神圣的、关系着考察队命运的生命之水。

9点15分，考察队再次发出了求援电报。

到了10点半，没有回电……

到了11点，仍然没有回电……

队员们守卫着电报机，肖万能频频地呼叫。等得不耐烦了，有的队员躺下休息，有的在打扑克。9点钟时，有人看见彭加木还在沙发上坐着，一个人沉思默想。9点30分时，有人看见彭加木坐在五座汽车里，不动声色。

11 点半，考察队收到回电，通告他们 18 日送水，命他们原地勿动，等待。

这一下，有的队员欣喜若狂，副队长拿着电文走出帐篷，找彭加木，要把七二〇的意见告诉他。他转转看，帐篷四周没有人，他以为彭加木去哪里小解了，回到帐篷等待着。

12 点钟汽车司机老王走出帐篷，走到自己的车上拿东西。他一直开这辆五座车。彭加木乘他开的车，已经走了两千多公里，他对彭加木也是熟悉的。

老王打开车门，在驾驶座位上拿自己的衣服。他突然发现右边彭加木常坐的位子上有一张展开的地图。那是一张他们一路用的，图已经皱折、破损。谁在这里看地图呢？彭加木吗？他惊觉地再翻翻地图，地图下又压着一张半截红格信纸，上有用铅笔写的字：

　　我往东去找水井

　　　　　彭，17/6，10：30

显然是刚刚写下的，"7"还是"6"改成的。老王又看看座位旁边的东西，那个黑色提包不在了，能装两公斤的水壶不见了。彭加木常用的东西，一把手电筒还在，再有这张地图。这地图指引彭加木率领考察队纵横驰骋，现在却不带上。他凭什么辨别方向，订正方位？彭加木怎么这样疏忽呢？

老王有点紧张，赶紧把纸条拿给副队长和其他队员看。

考察队员们烧开水、弄饭，准备动身接应彭加木……

他们向东北方向走了八公里，没有发现彭加木……

晚上，考察队第一次开会没有彭加木。在没有彭加木参加的情况下，考察队又向七二〇求救。他们以为彭加木会半夜回来，同他们重聚，所以没有把情况报告七二〇。

他们 21 点半同七二〇联系时，彭加木已走出十个小时。十个小时，即使爬，也能爬出 10 公里，彭加木离同志们远了。

考察队把篝火点着，把汽车灯打开，一个小时发一次信号弹，召唤彭加木。

可是，彭加木未归。

夜幕沉沉，沉沉夜幕，那芦苇和红柳丛中，会有彭加木吗？星星闪闪，闪闪星星，哪颗星星下会有你的身影？沙漠凉风阵阵吹，阵阵凉风会不会吹坏你的身骨？篝火熊熊，照亮了沙丘，照亮了你归来的路，归来吧！彭加木。

1980 年 6 月 16 日晚上 20 点，东经 89°30′，北纬 40°40′的七二〇。

夕阳西下，暴烈的太阳吐尽它的光焰，沙原上已经荡漾起一层绯红色的沙云，使起伏的沙丘、沙岭披上一层柔和的轻纱。没有一丝儿风，远处库鲁克塔格山峰上也没有一点阴雨的信息。但是，尽管如此，比起中午沙海滚滚热浪、夕阳西下的时刻还是凉爽宜人的。中午气温在 54℃，地表温度超过 60℃。一到傍黑就下降到十几二十度，人对温度的变化是敏感的，从火里爬出来，开水也觉得清爽。躲开了烈日，黑夜的沙漠，显得温

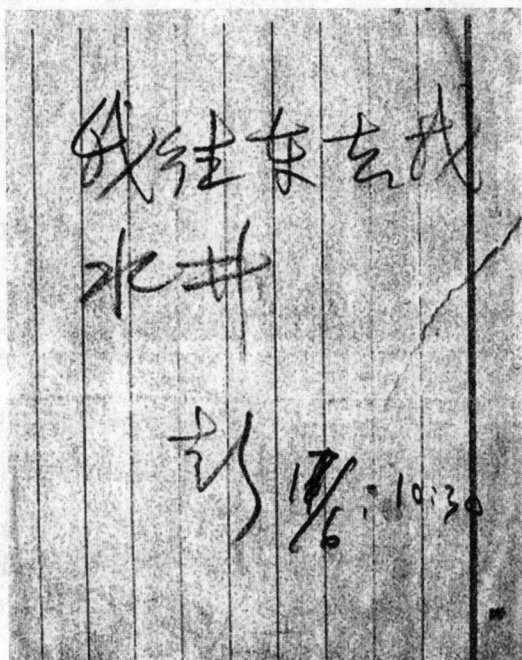

△ 彭加木离队去找水时留下的字条

驯、辽阔。沙海漫漫,任凭你怎样驰想,也描述不尽瀚海的奇异。要是蒙眬入睡,真像缥缥缈缈的雾海中荡舟,又如在平坦如砥的湖面上游弋。

通讯兵小刘、小杨歪斜着身子靠在一起说笑。盛夏季节,要是在他们的家乡,该是痛快地游戏的时候,甚至还可以采一株翠绿的荷叶遮住阵雨或是骄阳,在清泉平湖中泡它一天。只要阵雨一来,哪个湖泊中没有鱼跃,尽情捉吧。可是现在不行了,这里虽然很辽阔,没有湖海,虽然迤逦起伏,却不是连天的碧浪。水乡给人深情、秀丽的印象,沙漠却只能叫人想到茫茫苍苍、穷荒不毛以及恐怖和死亡,他们怀念水,怀念家乡的树,也怀念远去的罗布泊,身处险境的彭加木。

小刘和小杨一个多月来一直都同彭加木率领的考察队保持着联系。每天傍晚 9 点,是他们通报、通话的时间。敦厚、粗壮的小个子班长肖万能,通报之后,总要用尖尖的四川口音呼叫几声致意。他们两个也总是答话"谢谢——再见"。几次彭加木直接呼叫他们,对他们的工作表示满意。彭加木告诉他们 6 月底归来,还要向他们讲讲神秘的罗布泊珍闻呢!

6 月 16 日这个夜,同其他日子一样:宁静、单调。

通报时间一到,小刘和小杨打开了电报机,收抄来自罗布泊的信息。

彭加木的求援电报到达驻军部队。但今天的电报有"紧急"二字,非同寻常。彭加木几次进出罗布泊地区考察,同驻军已非常熟识,驻军首长也熟知他的性格。不到迫在眉睫地步,他不会报出"紧急"二字的。

22 点 10 分,考察队的求援电报转到了部队领导机关。部队首长要求弄清楚考察队所在方位,迅速组织力量准备接济油和水。

6 月 17 日早上,又是通报时间,部队收到考察队发来 9 点半电报。

17 日上午,罗布泊地区附近驻军把考察队的要求,报告给乌鲁木齐部队领导机关,决定派空军援救。中午 14 点,驻疆空军某运输团 4351 机组从乌鲁木齐起飞,到达罗布泊附近机场降落。机长小于是一位年轻的驾驶员,最近刚刚接到陕西老家妻子的来电,要到部队探亲。小于接到飞行任务,又不知何时终了。出发当天赶紧给妻子发一电报:"暂勿来,有任务。"一位锡伯族飞行员是新近几年才培养的。听说是为上海来的科学家送水救命,不顾刚刚执行其他任务的疲劳, 赶紧参加飞行任务。他说:"彭加木不远万里来到这里, 我们要使他们感到相距很近, 民族友谊很深。"

与此同时, 11 点 30 分, 罗布泊地区部队领导机关发电通告考察队:

"飞机 18 日到库木库都克送水, 你们不要动, 原地待命。"

部队派出一辆解放牌大卡车, 拉上油桶、水桶, 当晚赶到了七二〇。

部队的一位作战处长, 带着几名干部, 赶到了七二〇, 曾经同彭加木一起工作过的张工程师也赶来了。

空军派出一辆加油车, 星夜赶到七二〇, 以备飞机急需, 保证飞行。

一切救援工作都在紧张而且井然有序地进行着。单等明天起飞, 把活命的水按考察队要求送到库木库都克。

6 月 17 日的夜晚, 七二〇打破了常规的宁静, 突然闹哄哄的。

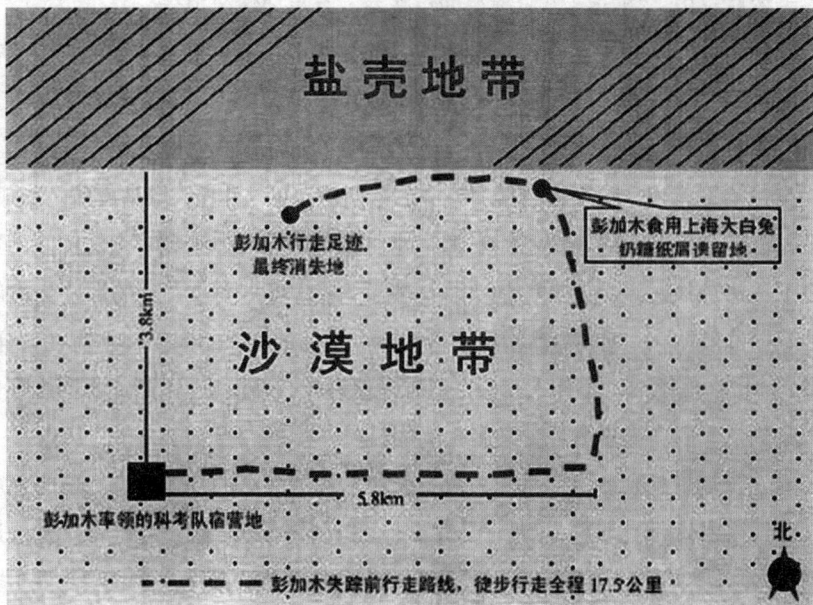

盐壳地带

彭加木行走足迹
最终消失地

彭加木食用上海大白兔
奶糖纸屑遗留处

沙漠地带

3.8km

彭加木率领的科考队宿营地

5.8km

北

彭加木失踪前行走路线, 徒步行走全程 17.5 公里

△ 彭加木失踪前行走路线图

汽车的喇叭声，人来人往的嘈杂声，加上蚊虫叮咬，气候燥热，人们都不能安静地休息。话题只有一个："给考察队送水，送油，水可以送到，汽油怎么送呢？"按照飞行规定，直升飞机是不能空运汽油的。速度快，温度又高，万一发生事故咋办？作战处的那位周处长昨天才出的医院，他有心脏病，大家劝阻他不要来，他不听。彭加木同他是老关系了。每一次彭加木到这个部队，周处长总是热情地接待他，照顾备至。这次考察罗布泊，部队指定他同彭加木联系。他常说，当兵的战时打仗，平时支援工农业生产和科学事业，也是一项战斗任务。现在送水救命要紧，不能躺在家里养病，他就这样来了。这时他不顾燥热，正同几个干部一起研究救援方案，不时地指出问题，进行分析。彭加木遇到什么严重的困难呢？库木库都克是什么样严酷的环境呢？援救工作会有什么意外情况发生呢？设计了好几种飞行方案，估计到了可能发生的各种情况。

17日21点30分，考察队发来了电报："你们没有运送来汽油，这里缺油五百公斤，飞机几时来？"

周处长命回电："零点再告。"

考察队又电："推迟十八日凌晨两点联系，有重要情况报告。"

这封电报没头没脑，令人捉摸不定，前几次电报一直要水，要油，而且往来电报频繁，都没有提出其他重要事情。现在这里要零点通话，考察队却要到两点再联系，看似焦急，却又从容，说是从容，却又有难言之隐。

夜过得非常慢，隐藏在朦胧月色中的沙岗、沙梁、沙丘，像是夜航的航舰，似乎在盲目地游弋。周处长不能安睡，他要等到两点。他感到有点沉闷，走到夜空下透透凉风。漠风一吹，他头脑清醒了一些，噢，刚才看到的那些失去舵手的莽撞的舰队，一定是自己精神疲劳时所产生的幻觉。不知彭加木现在怎样，也许，他也在帐篷外，遥望七二〇，想着对他说什么新消息吗？彭加木同志啊！此时此刻，我们离得多么近，又多么远啊！

周处长真想赶到库木库都克去看望彭加木和考察队的其他同志。地图上从七二〇到库木库都克直线距离一百一二十公里，要翻过"雅丹"地带，要越过漫漫黄沙，要跨越奇异的罗布泊，弯弯曲曲，坑坑洼洼，陆地上大约要走四百多公里。夜间无法通行。漫漫黄沙隔绝了音讯，沉沉黑夜掩不住情思。彭加木同志，你们有什么话，为什么要等到两点呢？周处长突然闪过一件事：部队有一位干部，越过一段戈壁沙漠，要回营地。两地相距只有七八公里，他却在黑夜里熬了一夜，才回到营地。原来，他走着走着穿进了几个沙包中。沙包并不高大，外表都有一些相似。爬过这儿，陷进沙沟；从沙沟里爬出来，又爬上另一个沙包。在沙包顶上，方向似乎一目了然，一陷进沙沟，便又迷蒙不辨东西。沙是软的，一脚踩下，就像陷进沼泽，愈是慌乱，愈觉得陷得很深。心神不由自主，转来转去，便对自己的两眼、双脚以及大脑都产生怀疑。他在沙岗上碰到一根直挺挺站立的黑影，说像树枝，没有树冠；说是树杆，摇晃一下却听到一阵阵嗡嗡的呜咽声。他抱住那黑影，定定神，原来是一根电线杆。嗡嗡的响声原来是风吹动电线发出的颤音。电线通向哪里？线杆连向何方？他都分辨不了。但是，他明白一点，电线必定通向一个固定的目标。他决定在电线杆下等待天明。可是，这荒漠之中有没有野兽呢？他又摸摸线杆，线杆下半截稳在一根半人高的水泥桩上。他爬上水泥桩，抱住电线杆，头顶是嗡嗡的电线响声，四下是沉沉的夜色，远处一闪闪的，不知是星星，还是恶狼闪着蓝光的眼睛。他这样抱着线杆，守到天亮。哎，营地离这线杆不过两公里路。沙漠迷津津，使他受了一场虚惊。周处长脑子里闪过这件事，一念之间又埋怨自己，难道沙漠之夜也给我造成了神情的恐惧？

　　周处长又回到房间对着地图沉思。几个同志也过来围着地图。张工程师是彭加木的老向导了，可惜他这次没有同彭加木一起出征。记得彭加木出征前找过他，向他询问了罗布洼地一带的水源情况。张工程师告诉他，中日"丝绸之路"摄制组在这一带曾发现了一股泉水，可饮。

　　彭加木把那个叫"八一泉"的地方标在了地图上。有一位空军来的调度主任，他是到这里直接指挥飞机救援工作的。

调度主任曾经跟着一支考古队飞进楼兰，考古队获得的"贵霸王朝"的古币，就是他发现的。他对罗布洼地的文物国宝也感兴趣。现在，他们几个人围在一起看着库木库都克一带的地图标志，都想象着彭加木在那里干些什么，有什么发现，是水，还是古物？或是别的什么？

6月18日凌晨两点，七二〇完全陷于漆黑的网罗中。小刘和小杨点着蜡烛，开始工作。小刘摇动发电机，小杨戴上耳机发出联系讯号。周处长、张工程师、调度主任都围在电报机旁，一声不响，一言不发，沉默地、急切地等待对方的讯号。

烛光曳晃着，增加了小屋里神秘的气氛。

大家屏住呼吸，显得愈加紧张逼人。

只听手摇发电机嗡嗡嗡嘶叫……

"滴……滴……滴……答……答……答……答……"小杨迅速记下讯号，是"长江"。

"答……答……滴……滴……"小杨发过去讯号："黄河"。

"长江"报文被翻译出来：

"彭副院长17日10点30分外出未回……"

时间过去了16个小时！已经是第二天了！飞机可以飞越成千上万公里，汽车可以穿越几百公里的陆地，徒步也可以走出几十公里……

周处长一下子脸色阴沉起来。这突如其来的消息，使他沉重、震惊。他把电文递给其他同志传阅。其他同志也迅速扫过那几个使人惊恐的字眼，一时都愣住了。夜，黑沉沉。屋内，静悄悄。人们的心突然紧缩起来。都在紧张地思考如何处理这紧迫的消息。周处长果决地命报务员：

"回电，待命。"

凌晨3点30分，联络完毕。紧接着一系列行动，都是果断、坚决作出的。

部队首长知道了。

乌鲁木齐军区知道了。

夜幕刚刚退去，直升飞机在晨曦中航行300公里到达了七二〇降落。机长小于立即领受任务，找人送水！

9点56分，4351号直升飞机起飞。张工程师和王参谋同机前往。飞机很快进入罗布泊上空。张工程师把眼睛贴在窗口瞭望。机长于瑞其飞一程就向地面雷达车发出报告：

"没有发现什么……没有发现什么……"

张工程师不是第一次穿越罗布泊了。然而，现在他目不转睛地看得那么仔细、真切，似乎是初临渴望已久的神秘的地方。其实他只专注一件事情：彭加木也许正在沙漠上行走，或者正在沙包上休憩，要么正在泉边痛饮……他热切地希望这想象中的美好图景，尽快投入视野。

沙漠中的气温上升得很快。飞机在热流中颠簸，像在海浪中荡漾。海面无垠，平沙似海望不到边；海浪涌天，大风扬起的飞沙，像惊涛骇浪。

从空中看罗布泊，古湖岸一重又一重，像重叠的耳环。岸上堆积着屋脊一样的沙丘、沙垄，似鱼似龙。无数条古河道冲刷成的沟壑，纵横交错，布满洼地，像是伸展开的大地神经。大约是土质成分不一，洼地五颜六色，白色的是盐碱，红色的是古河冲积的泥土，棕色的是古河的沉积物，黑色的和黄色的是沙。奇异的色彩，奇异的图画，令人眼花缭乱。炽热的阳光反射到眼底，尤觉罗布泊令人不可捉摸。

罗布泊整个地面看似平坦，北边远处可望见层峦叠嶂的山，山色冥冥，苍茫不辨，那是库鲁克塔克，彭加木不会走到那里去；南望沙山，沙峦闪动着耀眼的光，月牙形的沙垄布满沙岭，像是一层层包围圈，那是库姆塔格大沙漠，那里没有生命，彭加木也不会走到那里去。他忍受着干、胀、涩、疼，审视着机翼下的沙包、红柳、盐壳、沟壑……希望寻获一个晃动的身影。

快接近库木库都克地方，飞机高程下降。眼帘下闪出一面红旗，看得见考察队员向飞机招手。飞机在营地上空盘旋，在方圆三十公里的范围，降至五十米、三十米高搜寻。这里可以看见密集的红柳和一丛丛芦苇。地势北高南低，显然是河流冲

099

生命烟烟

刷造成的。东西方向横着一条像烧焦的泥土一样的河床，那就是布满盐壳的疏勒河故道。超低空飞行，可以看见野兔飞跑，看见苍鹰落于枯死的红柳丛中。可是，却看不见彭加木的踪影。

飞机降落在考察队的营地——实际地点和先前报告的地方和坐标方位相差十几公里。考察队员们连自己的准确方位也弄不清楚了。他们大概被饥渴、惊恐和疲劳折磨得无以自处了。

队员们有的含着热泪上前同机长于瑞其、张工程师等人握手。数数队员们，一个、两个……只有九个。经了解才知道，早在米兰时，就有一个同志离开考察队执行别的任务。现在又少了一个彭加木……张工程师真想埋怨他们几句，看到九个队员，一个一个满脸沙尘，除了眼睛尚有一点光芒以外，全身分不清肤色和土色，一个多月的酷热、焦烤、蒸腾，榨干了他们身上的汗水。有的衣服被盐渍腐蚀，一块一块往下掉，几乎遮不住羞了。人人都头发、胡须老长，像是被烈火烧过遗留下来的枯草根。他们是备尝艰辛、熬着苦难、战斗过了的同志啊……

张工程师动了恻隐之心，不禁对他们都同情起来了。在惊慌不安和痛心疾首中，张工程师一行人才知道了彭加木走失的情况。库木库都克大漠营地，在过往的阳光逼视下，热浪蒸腾。眼前的沙包、沙丘、沙岭，在滚滚热浪的冲击下，好像是触礁将沉的船，在黑夜里颠簸、横冲直撞。人在这炽热的沙砾中，被热流冲击、销熔，好像随时都可能化作一缕青烟，化作一抔灰。

彭加木走出的 6 月 17 日这一天，考察队员测得中午 14 点的气象数据是：气温 52℃，地表温度 62℃，帐篷内的温度 45℃……

大漠沉沉，故道溟溟。惊恐不安和失事的责任感压在考察队员们的心头。

考察队员们当天向东北方向寻找了八公里，不见彭加木。

第二天，考察队员们从东北再折向西北寻找，没有影踪。按照彭加木在地图上标的方位，找到了东经 92° 7.5′、北纬 40° 23.5′ 的地方，发现一眼枯井，就是彭加木标在地图上的"八一井"。这里既然有人宿过营，为什么没有任何人迹遗物？

考察队员们沿着疏勒河故道的中心带东南行十多公里。脚下是龟裂的盐壳地带，七零八落，狼藉不堪。那些板结的盐土，奇形怪状，光怪陆离，有的乌黑，像被火烧焦的矿渣；有的青亮，如同山崖上塌落的青石。地表坚硬如铁，难见足迹。只有一些松散的沙土和盐硝混合的地方，才可以看到骆驼的蹄印和其他走兽的足迹。愈往前走，故道两岸芦苇愈加密集。

眼前出现一片被芦苇丛掩盖的沙包。风吹芦苇沙沙响。队员们突然发现一行足迹，长不到三十米，宽十几厘米，足迹一端深陷，一端稍浅，中间又稍有突起。有的队员把自己穿的翻毛皮鞋踩着脚印试试，巧极了，正像是一双穿翻毛皮鞋的人踩下的。考察队出发前每人领过一双这种鞋，彭加木也是穿这种鞋外出的。这肯定是他留下的足迹。队员们顺着脚印，走进一个不大的沙包上，看到一片被踩倒的芦苇，枝叶还泛着青绿。似乎有人在沙包上坐过，有一处像屁股压下去的；有两个地方像双脚踩的，正好拼成一个三角形。是的，是有人在这里坐过，而且可以分析是面向西南的——西南，就是考察队的营地；西南，就是他和同志们分手的地方；西南，就是他踏上旅途、孤子一人、奋然不顾一切出走的地方啊！他再回首遥望同志们，留连，顾盼，殷切思念。一株折断的芦苇上，似乎有一片彩色的纸片。拣起来一看，是一张糖纸，棕黄色，上面有"青岛椰子奶油糖"的字样。彭加木同志，这一定是你吃糖扔下的。同志们记得，你买过这种糖，而且还招待大家吃过。这真是重要的发现，彭加木，你到底给大家留下了踪迹。沿着踪迹寻去，一百米、两百米……一公里、两公里……在五公里距离内都发现了足迹。步幅均匀，步履平稳，看得出你满怀信心，目标如一。可是，最终足迹断了。

彭加木同志，叫同志们再到哪里去寻觅你？

彭加木走后 16 个小时，杳无踪迹。考察队向部队报告了彭加木的讯息……

人们重新来到库木库都克营地，除了散乱的瓶子、空罐头盒、锅灶的灰烬和密布如织的人迹车辙外，没有任何生命的痕迹。考察队撤离此地时，在好几个空瓶里留下字条，给过往者昭示方位和去向。字条依旧，没有发现任何异常。就在营地附近一百几十米以外，考察队猎获的那峰母骆驼骨架，白骨嶙峋，散发臭味。至于那头幼驼，因为不适应饲养生活，于捕获后一个礼拜也死去。幼驼被遗弃在一个沙包下，正处西南—东北走向的风口上。才过了十几天工夫，幼驼骨架散乱，被流沙掩埋。看到这样的遗物、痕迹，使人不禁产生不祥的感觉……

→ 他以生命荐中华

★★★★★

彭加木罹难罗布泊，引起党和政府及全国人民的深切关注。在党中央的领导下，新闻媒体的新闻报道也起到了组织、鼓舞、动员、激励的作用。

对于彭加木率队考察罗布泊和彭加木的罹难以及由此而引起的救援行动的一系列新闻报道，都是新华通讯社作为独家新闻向国内外发布的。所有这些报道对于沟通中央和地方，联系救援行动的前方和后方，回报全国人民的热切关注，把彭加木献身科学事业的精神变成一种催人奋进的力量，都起到了组织、动员、激励的作用。可以说，那个时候全国所有新闻媒体无一例外地注视新华社，社会各阶层各色人等情系彭加木的安危。

1980年6月17日，当彭加木在罗布泊罹难伊始，以及在后来大规模的救援行动紧张地进行中，我作为新华社驻新疆的记者，一直在总社和分社的指挥下承担着主要的新闻报道任务。其中仅在罗布洼地的瀚海沙漠中就生活了近一个月，真可谓"历尽沧桑"，是一生新闻工作中壮丽而多艰、波澜壮阔而历经风险的一页，虽然岁月如流，至今回忆起来仍觉惊心动魄。

关于彭加木在罗布泊罹难的新闻报道，自1980年6月23日开始，到1981年10月间，上海、新疆两地举行彭加木学习大会，

△ 搜寻队伍一边相互呼应，一边搜寻彭加木

我所发稿子有几十篇。其中还出版了《彭加木》和《生命》两部长篇报告文学，记述彭加木的生平事迹和他三探罗布泊的壮丽事业。应当说明的是，即使那样篇幅浩繁的文字，彭加木罹难及援救行动中的许多情况也没有全部公之于社会，留下了一些谜一般的问题。

譬如，关于当时的搜寻队伍为什么始终搜寻不出彭加木的踪影？我当时就在一篇内参报道中提出："只有到彭加木的遗骸被风卷走沙渍，裸露于光天化日之下的时候，人们才能判定搜寻路线和方案的得失，会发现当时援救工作的疏漏之处何在"。几十个春夏秋冬过去，通往罗布泊的道路依然艰险莫辨。1996 年 6 月 18 日（这是一个不祥的日子，彭加木当年也是 6 月 17 日失踪、6 月 18 日当地驻军才知道他失事遇难的），上海 45 岁的青年探险家余纯顺，从库尔勒市东行做穿越罗布泊探险的第三天，也是由人民解放军的空军部队救援中发现他在一个沙丘背面自支的帐蓬里死去的。余纯顺的遗骸已经干涸如木，连血色也已黑紫成痕。六月高温的沙漠和风的肆虐，是多么使人胆战心惊啊！余纯顺终究是死有尸证。但彭加木却始终是死不见尸。我今天来写沙漠大救援的情况，也并不想据此对当年的救援进行是非判断。我只是想就救援行动本身的壮烈和豪迈表达我的敬意和感奋。可是，死不见尸，仍然是一个解释不太清楚的问题。

再譬如，彭加木罹难的地方是我国重要的极端机密的核试验基地。1964 年 10 月 16 日北京时间下午 3 点钟，在这块约 10 万平方公里的核试验基地上，随着一声惊天动地的巨响，一股绚丽多彩的蘑菇云腾空而起，我国的第一颗原子弹爆炸成功了。当时，我作为新闻记者是知道这个消息并就社会的反响搜集过情况反应。我们在四百公里之外的乌鲁木齐也有那种雷动山倒的震感，我也送过几位熟识的人民解放军首长进入那个神秘地区观察现场爆炸情景。但我始终未能有机会获准进入那个禁区。彭加木罹难在罗布泊，我们的搜寻队伍驻扎的营地叫做一个"七二〇"的地方，正是原子弹爆炸的试验场。这个试验场离核基地的指挥、研究机关所在地马兰，也仍然有三百多公里。由于军事重地的严重性，增加了彭加木罹难的神秘性，也增加了新闻报道的不确定性。某些称谓、某些情节、某些过程，不得不笼而统之、含糊其辞了。一直到上个世纪

80 年代末期、90 年代初期，"马兰""核试验基地"等才允准公开报道，但进入那个场地的禁令并不是宽泛的自由的。我们当年的新闻报道绕不过这些必须遵守的规定，又要大致表达清楚，也是颇费斟酌的。

再譬如，1980 年 6 月 23 日，关于彭加木罗布泊罹难的第一篇报道发出后，我就收到信件、接到电话，对报道提出质疑。6 月 26 日一封江西的电报就质问："我们从报上读到著名科学家彭加木在罗布泊地区进行科学考察失踪的消息后，都为这位老科学家的生命安全担忧、着急，同时也为得救的九位同志庆幸。但心里总是不能平静，觉得这篇报道省略了 17 日一天营救活动的情况。如果 17 日能去寻找，也许彭加木仍有走出厄运的可能。我们很想知道 17 日那天营救活动的情况。"甚至有电报、电话对我进行抗议，似乎我在捉弄舆论，有意隐瞒真情。我很能理解读者的心情，我同他们一样也想开释诸如此类的疑问。但我不得不回避这类问题。因为这类问题涉及"事故责任"，而那个时候还顾不上讨论"责任"问题。我更清楚地知道，彭加木和他的考察队战友们都面临同样的厄运，活着走出沙漠的同志可谓"死里逃生"，而彭加木则是因为重任在肩失去了逃生的机会而遭逢不幸。营救行动迟至 18 号才开始，实在是因为 18 号凌晨两点才得到彭加木失踪消息的。这时，彭加木走出已经 16 个多小时了！这个时差是营救活动不见成效的重要原因之一，但很难说是根本原因。因为大沙漠肆虐的风沙同大海波涛一样瞬息吞没生命的事并不鲜见。说真的，一直到今天，我也不能面对读者的质疑做出理直气壮的回答。我只能扼腕叹息，痛心疾首地为彭加木惋惜。

新疆是一个惹人产生恋情的地方。你只要到那里看一看，你就会把这种恋情永久铭记，更不要说你在那里劳动、创造、建立功业，对那块土地就会加倍地相濡以沫，厮守终生。上个世纪50、60年代，全国各地有许多知识分子在"到大西北去"、"到新疆去"的口号鼓舞下，出塞不归，在天山南北贡献自己的才智和力量。"青山处处埋忠骨，何必马革裹尸还"，作为一代新疆人的壮志豪情。我作为新闻记者，又在一个长时间内负责科技文教领域的报道，所以，有机会结识这批知识分子，甚至深入到他们的工作场地，出入他们的家庭宅第，日久便结为知己。彭加木和后来成为中国科学院院士的张新时、新疆自治区副主席的许鹏，都是我那时结交的科技界朋友。

新疆八一农学院林学系主任张新时，是50年代初北京林学院毕业的。他痴情于边疆建设，耿耿忠心一生。他主持过多次新疆自然资源考察，特别是领导过一次青藏高原植被考察，取得了令世界注目的发现。关于自然资源考察，关于野外考察的生活知识，关于新疆自然科学研究的历史和现状，这些知识我都得到张新时的指教。他现在是中国科学院院士、全国政协委员，功成名就。"文革"之后，他受美国康乃尔大学之邀做客座教授，同时也想趁便探视旅居美国年已九十的父亲张静愚。张静愚是孙中山先生的信徒，是协助中山先生在中国创立第一支空军部队的当事人。1949年张先生旅居美国，父子三十年不曾聚首。但是，张新时出国讲学和探视，不大顺利，幸有新疆自治区党委的主要负责人从中作合，才经过了重重审批关卡，得以成行。

新疆八一农学院农学系主任许鹏，是50年代南京农学院毕业的。我同他的相识是在巴音布鲁克的高山草原上。许鹏热切关注新疆和我国15亿亩草原的发展、利用问题，穷其才智和精力研究草原。他就中国草原的开发和畜牧业的发展提出了许多真知灼见。胡耀邦同志就曾对他的研究成果予以推崇。许鹏给了我关于新疆农业、牧业的许多知识。他曾任新疆自治区副主席和新疆自治区人大常委副主任。

说来非常凑巧，张新时、许鹏都同彭加木熟识，相交甚厚。我们对彭加木有着共同的话题。

我很早同彭加木相识。"文革"之后，彭加木1979年11月第三次、1980年5月第四次（1959年、1969年曾两度考察）进入罗布泊，我都是熟知并作了采访报道的。1979年的11月和12月，他曾详细地向我介绍了他第四次考察罗布泊的计划。听到他的宏伟考察计划，特别是他描绘的罗布泊未来开发前景，我很受感染。我觉得事业的追求使他处于极度的亢奋状态，并且胸有成竹，事在必成。我那时甚至提出希望以记者身份随行。他没有同意随行，却答应考察归来接受我的详细采访。1979 年底，他被任命为新疆分院副院长，创造了一个上海科技工作者异地任职实行"智力支边"的新经验，我发了新闻。我不敢说对他完全心知，但我对他的景仰是随着不断熟知而倍增的。

1980 年 5 月 3 日，彭加木率队离开乌鲁木齐出发去罗布泊进行科学考察。那一天上午，我从乌鲁木齐建国路赶到十数公里之外的北京路中国科学院新疆分院化学所的五层楼西端一间约十几平方米的他的临时居室里为他送行。我对这间房子十分熟悉，一张平板床，几个包装木箱。我们多次在这里聚首相谈，他盘腿坐在床上，我坐在木箱上。他说，我记。他时而为自己的奇思异想畅怀大笑，时而为自己生平中某些不快而蹙首紧眉。我觉得他是一个"激情科学家"，而且具有对问题判断的机敏和待人直率、坦诚的品格。跟这样的人交谈，你会感到跃跃欲试、不敢懈怠。我跟他相约，等他考察归来，希望作为第一个读者读到他的考察日记。

彭加木南去马兰四百多公里，又离马兰东去三百多公里，进行他第四次考察罗布泊的拼搏。"扬旗指昆仑，伐鼓震蒲昌。"（岑参诗句。蒲昌海，即罗布泊古名）我愿他三千里路客归来，旌旗拥道，置酒天地，洗去征尘，以庆凯旋。

一个多月没有他的任何音讯。彭加木进入罗布洼地，同域外联系的办法是靠部队提供的手摇发电机和无线电报的译码识别来进行的，可不像现在有"全球通"之类手机那么便捷。彭加木同域外的联系不便。他 6 月 7 日在米兰写给中国科学院新疆分院院长哈林一信，报告他们纵贯罗布泊的情况。因为托人辗转送递,这封信迟至6月28日才到哈林手里,而这时,彭加木已失事十天了。换句话说,5月3日彭加木南行考察之后,新疆分院对他的消息是一无所知的。

中国科学院新疆分院18日下午6:00得到彭加木走失的消息。晚上12:00,副院长陈善明(原本也是上海分院研究员,经彭加木动员到新疆工作的),带着两名干部,由两个司机轮流开车,19日早7:00急到马兰,会同核试验基地一位丁参谋长、一位乔主任组成领导小组,统筹对彭加木的救援工作。

这一切对外都是保密的。那时的中国人大都有一种成见,视这类事情为"事故",而"事故"总不是"业绩"、"成就",保密的程度愈高愈是"政治性强"的表现。新闻媒体也如是,认为诸如此类的事件是不能作为"正面报道"进行歌颂的。因此,打起仗来,我们只知消灭了多少敌人,不知道我们英武的将士伤亡多大;发生自然灾害,只道我们岿然不动的雄姿,而不言我们伤人丧物的悲痛;植树造林只计成活多少树,不计植树多少株,成活率多高;工厂只计产出,不计库存积压……大概,唐山大地震的公开性宣传是不太多的例外。但彭加木科学考察失事,是不能视为一般事故的。他的行为一点也不比救助落水而自溺,见义勇为制暴而伤残有什么逊色的。诺贝尔把自己关在房子里试验炸药,罗曼诺索夫在大雨倾盆的森林中牵雷观察闪电,谁能预言他们的成功并确保他们的安危?90年代,我国南极科考队队员要写出死亡保证书才能启航远征。历年我国登山队登山攀高也要作出不畏死亡的承诺。视死如归,大义凛然,多么惊天地、泣鬼神的轰轰烈烈的精神和行为啊!对他们这一切,还需要秘而不宣、守口如瓶吗?

我是迟至6月20日上午11点才得知彭加木失事的。

那天,是张新时出访美国的行期。许鹏和我以及一批张新时的新朋旧友到机场送行。乌鲁木齐港的候机室不像现在这样拥挤阻塞,那时还空阔敞亮,进进出出的行人尽在视野之中。10点多钟张新时快到登机的时候,科学分院的哈林也匆匆进来。他有公干进京,正好同张新时同一班机。张新时、哈林略作寒暄,我们便同他们握手送至安全门口。就在这瞬间,张新时告诉我,"老彭出事了"。我惊吓成痴,木然不知张新时以后还说了什么。我离开机场回去的时候,是许鹏老师把我从呆若木鸡的状态中唤醒的。我和许鹏坐在一辆车里听他讲述彭加木失事的简单情况。原来正是哈林、张新时寒暄的时间里，张新时关切地问起了彭加木的科学考察，哈林告诉了彭加木的不幸。许鹏也加入了他们的谈话，听到了一点情况。我提出了一些简单的问题请教许鹏。主要是关于沙漠考察失事的可能性是什么。张新时、许鹏和我在这段时间，不时地谈到过彭加木，都对他的考察寄于成功的希望。张、许还向我讲述过外国科考活动的技术准备和防范，叹息我国诸如此类的活动技术装备的不足。张新时此次出访，就有一个约请国外合作进行科考的计划，以借鉴技术精良的装备。张、许的观点对我影响很大，以至于我后来评述彭加木的失事，把技术装备不足当做一个重要原因。但是，他的失事是谁也不曾料到的。张新时、许鹏和张新时的夫人慈龙骏（一个搞防风治沙，也有过冒险经历的女性）都有过野外科考的经历，相信大凡严密组织的集体科学考察不至于到达不可挽救的地步。彭加木的失事真叫人痛惜而存疑虑。

从机场返回市区路过新疆分院门口的时候，已经12点多钟，我执意下车立即到科学分院探明真相。我心绪不宁，悲戚已甚。科学分院的各办公室寂静无人。我丧失理智地去一一敲响各个房门，希望碰到留在办公室的人。我在科研处碰到一位杨姓的熟人，把他阻止在办公室要求他无论如何也得把情况告诉我。他谅解我的无礼，电话约请一位同志过来同谈。谈话大约只有四十分钟。

我赶回分社，已经下午3点。我即把上述情况写成内参稿，经采编主任李家寻审定，电话传送到北京新华总社值班室。这时已是下午5点。据总社后来告知，一个小时后这篇关于彭加木罗布泊失事的内参已送到中办、国办及有关中央领导同志那里。这是迄今为止新闻媒介对于彭加木罗布泊罹难的第一篇内部报道。从救援时效上说已经迟缓，从公开性讲还是最早。

我一下陷入了极度紧张的工作状态。

总社晚上 8∶00 左右打来电话，说穆青批示，要发公开报道。李家寻、石正章立即召我到办公室商量报道事宜。一是要我到新疆军区作战部进行补充采访；二是同马兰基地沟通，查证进一步的消息；三是向新疆科学分院和自治区党委征询报道意见。我当晚一直忙到 12 点，完成上述任务，将内参稿改编成公开稿传到总社。新华社总编辑冯健同志值班，提出研究把彭加木的罹难当成积极主动的报道，不要当成张惶失措的悲悲切切的灾难进行宣传。我能理解他的策略思想和良苦用心。所以报道一开始就有了高昂、激越的基调。我对彭加木推崇备至，心目中把他当做献身科学的英雄，所以昂扬向上的情绪始终主宰着我。

子夜之后，新疆分院突然打来电话，称公开报道要慎重，特别是彭加木的家属对此事尚不知情，突然发布公开报道，他的家属可能经受不了打击。如何进行报道，要考虑他的家属和社会的承受能力。

新疆分院的意见是有道理的。我又即向总社打电话，建议稿子暂不发表，并请总社请示科学院，请科学院通知上海分院对彭的家属做好慰问工作。同时，建议新华总社通知上海分社也对彭的家属做些慰问安抚工作，以防止过分的震惊。总社接受了我的建议，决定推迟发表公开报道。这项工作一直等了两天。到 22 日下午，总社通知已照知家属，即将播发公开报道。这晚上的中央广播电台零点新闻节目广播了彭加木失事的新闻。第二天，全国各报刊以"二十三日"电头登载了新华社的报道。

21 日晚，我又去军区作战部值班室采访，得知马兰基地和在那里的陈善明要求空军增加 15 个架次的飞机参与寻找工作。我即把这个情况写成一件内参稿，在 22 日上午传发总社。这就是新华社 673 期内参，清样稿子一大早送到了华国锋同志的办公室。

华国锋同志对 673 期内参作了批示，全文如下：

方毅、李昌同志：

彭加木同志失踪尚未找到，他们要求中央下令派出飞机十五架次。此事请和新疆取得联系并和总参、空军研究如何派出飞机配合地面搜找。

华国锋

6月23日

　　方毅是中共中央政治局委员、中国科学院院长，李昌是中国科学院副院长。华国锋的批示迅速转达到总参，总参把这个批示又转达到新疆军区、新疆空军及马兰基地。中国科学院把批示传达到了新疆分院。国防科工委也向马兰基地重述了华国锋的批示。

　　我是23日晚，同马兰基地的电话中得知批示全文的。马兰基地的同志向我表示将立即落实党中央的批示。同时，我又查询了新疆科学分院、新疆军区落实批示的情况，即发出另一件关于落实批示情况的内参。24日早上听广播得知，总社已将这件内参稿改为公开报道发表。

　　6月23日晚，我通过军内电话，沟通了马兰基地作战处，同周夫有处长谈到了华国锋的批示，又了解了考察队的考察情况。周夫有处长是18日抱病到达七二〇，在那里指挥救援工作的。他对考察队的前因后果均比较熟悉。周夫有特别向我叙述彭加木率队纵贯罗布泊的过程，我听了觉得是一个好新闻。24日，我查阅了有关资料作为背景，就向总社电发了《彭加木失踪前率队穿越罗布泊湖盆》的新闻。25日见于各大报纸。

　　上海、广东方面对于彭加木罹难的报道给予了积极的回应。新华社上海分社发了《彭加木失踪消息引起上海人民的深切关注》，文中特别提及彭加木夫人夏叔芳的坚强、镇定。上海分社还发布了夏叔芳致电党中央对寻找彭加木的感谢。广东、上海的党政机关、科研机关均致电夏叔芳、彭加木的哥哥彭浙进行慰问。这些消息也见诸各地报端。

　　在党中央的亲切关怀下，新疆党政机关组织了积极的援救工作。6月24日上午9:30，新疆军区副司令员张竭诚、马晨等召集会议，决定了进一步的救援行动，下达两项命令："第一，通知马兰基地，加强地面搜寻力量。一个排不够，可以出动一个连，并要由一个参谋长指挥进行搜索；第二，空九军调直五飞机两架，固定在马兰基地执勤，并受基地直接指挥，参加救援工作。"

进一步的救援行动，为新闻报道提供了好机会。它的积极意义显而易见。6月26日下午，我向分社社长成一、采编副主任石正章报告了军区的命令，立即决定我赶赴罗布泊进行现场采访报道。我枕戈待旦，随时准备出发。27日凌晨1点半，我又同马兰基地周夫有处长通话。通话长达一个小时，听他分析彭加木失事的原因以及可能去向。他的结论是，彭加木可能东去疏勒河故道，而那里尚有水草，倘若没有意外，他仍有幸存的可能。我把他的谈话写成"编辑参考稿"，注明"仅供参考，不可外传"的字样，题目是：《彭加木现在何处？极有可能沿疏勒河故道东去，也有幸存希望》。同时以彭加木四探罗布泊为主要材料写了一篇《彭加木记事》发往总社备用。这种对彭加木存活的希冀一直成为我心中的明灯，激励我为救援彭加木鼓呼。

我一夜没合眼。两件稿子写完，已是东方出现鱼肚的银白。我的记者生涯中许多日子是这样度过的，也是这样迎来黎明的。"五更梦里二百里，一日思亲十二时。"我无论白天和夜晚，都心系彭加木，梦飞罗布泊，想着、盼着我们至亲至爱、可敬可亲的彭加木平安归来。可是，彭加木，你在哪里呢？

这天早上7：00（新疆时间比北京时间要晚两个小时。此时相当于北京时间5：00），我打破科学院几位熟识的同志的甜梦，把他们请到了新华社分社办公室，将周夫有的分析告诉他们，目的是希望他们形成一致意见，不致于动摇寻找彭加木的决心。其中有一位新疆分院的夏训诚同志，曾同彭加木有过三次共闯罗布泊的经历，富有沙漠工作经验。我建议他参与寻找工作，也许能提供有益的意见。我告诉他，我即将出发去罗布泊，希望他同行。他未能立即应允，需请批准方可。

6月27日下午2点，汽车司机刘子俊经过上午半天的车况检查和物资准备，我们出发驶往南疆。从乌鲁木齐去南疆到马兰，要经过紫窝堡、达板城（就是王洛宾歌曲《达板城的姑娘》中说的那个达板城）、托克逊、库米什。柴窝堡、达板城是个风口。每年五月份之后，天山以南的吐鲁番火洲气温骤然升至三十七八摄氏度，而处于天山北麓的乌鲁木齐和达板城还在寒意料峭之中。柴窝铺、达板城通往吐鲁番的白扬河沟则成了一个冷热对流、狂风袭击的风道。汽车穿越白扬河沟，正遇狂风骤起。乌鲁木齐到达板城的地势要高于吐鲁番盆地。乌鲁木齐海拔900米，吐鲁番盆地的最低处是负141米。抽屁股风呼呼地吹着，像把我们从一个高坡刮向一个凹地。司机小刘既不敢加大马力，又不敢失手放松控制。沿途见一些车子躲在山坳里避风。我们却不敢。我们有任务，我们必须抢时间赶到目的地。我对小刘说："我们两个人的命和车子的安全都交给你了。若是安全到达目的地，我首先向领导为您请功。"小刘则说："要是我们两个和车子都没有安全到达目的地，那领导肯定得为我们开个追悼会了……"正常情况下三个小时的路程，我们在同狂风的拼搏中走了六个小时，晚上8：00到达托克逊。这里是火洲的一部分。我们一下子跳进火炉里，燥热如炙。好容易熬过一夜，第二天又穿越约200公里长的寸草不生的甘沟。路况不佳。天山山道弯弯，危险警告的路牌一个接一个。崎岖的山道对峙着无尽的山崖。一时爬上顶峰，一时掉进低谷。爬上顶峰时，豁然开朗;掉进低谷时，前程未卜。这漫长的道路上，只有一个叫库米什的食宿小站。一路萧索凌寂，没有人烟。我感叹穿越天山的路是何等的艰难啊！昨晚宿于托克逊兵站，已经风闻彭加木离去时带了两公斤水和一点饼干。我这一路南行，一直在想着，亲爱的同志哥啊，这一点点水和食品，如何能保证你穿越艰难险阻、平安回归呀！？

　　穿越天山，到达乌什塔拉，已进入南疆了。12点钟在乌什塔拉办理进入马兰的手续。我来之前，已通过新疆军区告知马兰基地。那里派人引导我们进入军事禁区。我曾多次路过乌什塔拉。东望那山坳中的楼群，遥想当年一次一次在那里进行的核爆炸试验，神圣而庄严、威武而坚强的情绪油然而生。

我知道这里的人们为了一个伟大的使命而奋斗,不屈于"北极熊"的讹诈而抗争,显示着国威、国格、国魂。现在他们正为着援救一个人的生命而舍身忘己。这个身系国家、身系人民的军队,我们的可爱的人啊,我向你们躬身致意!

6月27日,我动身驰往马兰之前的短暂时间里,得到了三个消息,都同彭加木有关。一是彭加木的妻子夏叔芳和儿子彭海、女儿彭荔一同到达乌鲁木齐,意欲进入罗布泊。同他们一起来的是上海分院的朱相清,专事照顾彭夫人等。沪上几家新闻单位的记者也同机来到乌鲁木齐。二是上海颇有名气的科普作家叶永烈到达乌鲁木齐,也欲进入罗布泊采访彭加木罹难。新闻单位的记者和叶永烈一到乌鲁木齐就急于进入罗布泊,但考虑到沙漠地区的安全和接待的困难,被自治区军政机关阻挡。叶永烈同我通电话,询问可否与我同行,我不敢擅自做主,要他请示军区。据说不置可否。又据他说,他正同国防科工委钱学森、朱光亚沟通,希望借助于钱、朱的权威打通军区的关节。我祝他"磨"成功,希望在罗布泊等候他。第三个消息,是接到美国马里兰的电话,张新时从马里兰大学打来电话,既报告他旅途顺利到达美国,又特意询问彭加木的下落和搜寻结果。据他说,当地华文报和英文报纸上都登了彭的消息。我不知道那些报道是否署名,但张新时肯定知道我对彭的熟知。他通过我问候彭是理所当然的。彭加木的命运牵动了海内外,震动了新闻界。我作为独家新闻的报道者,身负记者重任,更感到责任的重大。

我一到马兰,置身在一个团结、紧张、严肃、活泼的军事环境中,感到一种战斗气氛。我被领着去拜会各位领导人。这时我才发现,整个指挥系统的要员,都汇集在这里,都为着拯救一个人的生命而忙碌。司令员张志善,政委胡若古,参谋长朱平,政治部主任杜祥云,以及作战、后勤、通讯等部门的处长、参谋等等。这很使人想到战争年代,想到每次战役作战指挥部里的将军和其他各种运筹帷幄的指挥员们。我心里很不平静。我是一个士兵出身的人,但"当兵不打仗",很少有机会感受到战争的前赴后继、安危祸福、救死扶伤、威武不屈诸如此类的复杂氛围。现在,我感受到战斗的豪情、胜利的激越、大无畏的英雄魂魄。他们为寻找彭加木已付出了极大的代价,彭加木经受过的,他们已经经受并将继续经受。他们的区别只在一点:生和死。经过危难,赴死,是伟大的;经过危难,活下来,也是伟大的,同志哥啊,是不是?

　　下午,没有停息,朱平参谋长、周夫有处长、董治甫参谋、罗明友参谋向我介绍几个小时的情况。他们都刚从 360 公里之外的七二〇回到马兰,董治甫还在 18 日上午乘飞机降落在库木库都克,跟着考察队搜寻过彭加木。这十几天里,过度的劳顿和救人安危的焦虑,使他们像经受过一场严酷的战斗一样,瘦削、黝黑、满眼血丝,唯有瞳孔闪烁着不屈的光芒。特别是周夫有处长,他是抱病去到七二〇的,此时更显得精力不支。他同彭加木是相识已久的老朋友。彭加木的失踪,他很痛苦,一

△ 彭加木遇难处的碑

定要坚持离开医院到前方参加救援工作。大家都牵挂着彭加木。

6月24日开始，马兰基地按照新疆军区、国防科工委落实中央指示的部署，组织了一个29人的搜寻队伍，进入罗布洼地，同仍坚持在那里的考察队成员汇合，一起寻找彭加木。与此同时，兰州部队也派出一支队伍从敦煌西去，走疏勒河故道搜寻。在此之前，彭加木失踪的当天和次日，考察队员进行搜寻，并且在库木库都克东北方向十公里左右的地方发现了彭加木足迹和他丢弃的"青岛椰子糖"糖纸。上述搜寻行动均无任何结果。到29日，科考队员共9人，苦斗了近两个月后走出了瀚海沙漠，到达七二〇营地。

我在马兰写了一稿《彭加木，你在哪里》，托人带到乌鲁木齐，后来发表于《半月谈》。29日下午7：00我驱车赶到七二〇，同走出沙海的科考队员见面。他们刚到七二〇才一个小时，就接受我的采访，直到深夜。他们在沙海中拼搏，挣扎图存又承担着科考任务。酷热、干渴、风蚀、营养极端缺乏以及睡眠不足，使他们形骸如骷、面色似土、声嘶力竭。他们能够走出困境，是值得庆幸的事。我看他们潦倒狼狈的情景，只能表示慰问，甚至不敢首先提出彭加木失踪的事。我感觉他们也谨慎地回避某些难堪的问题。一些同志告诉我科考队员中已经有人担心着被追究责任，表示准备"走出沙漠，住进监狱"。这当然是多余的，从来没有人提出过追究责任的问题。但失去战友和同事，总是有情感上道义上的压力。我很同情他们，但不能回避。在弄清了科考队考察情况和彭的走失过程后，我向副队长汪文先提出了久存我心中的疑虑，即，为什么在彭加木走出16个小时后才向基地报告？他的回答是："彭加木失踪后，队员们很为震惊，也存有一种侥幸心理，彭加木会自然归来，所以在迟至下午4点才出去寻找，到第二天凌晨2点，才把彭失踪的真实消息告诉基地……"我同队员们的谈话中，知道了自进入沙漠以来，彭加木和队员们之间不断发生的不协调乃至争吵。彭加木10点30分走出，12点就已发现，4点才去寻找，这是一个严重的失误。我后来写了一篇分析性长文章《罗布洼地的祸端》，评述彭加木失踪前后的有关现象。我在文中提出："同志们，你们心地那么阴郁，狭窄，不够友情。什么时候，一个同志离开集体，集体有权不管他？什么时候，走失战友集体能不赶紧去救助他？你们要赶紧行动才对呀！要知道，他现在才走过了一个半钟头，还

116

走得不会太远，而且还是光天化日之下，赶紧呼唤他，赶紧去同他为伴，赶紧为他送去水、食品，送去基地的电文。他一定怀着不安、焦急和对于考察队的虔诚而去，你们应该像他一样怀着不安、焦急和虔诚才对呀！可是，考察队员们的疏忽大意，耽误了宝贵的时间……到晚上，刮起了大风……"我在文章中指出了彭加木罹难及搜寻无着的三个至关重要的关节点——我无意评论是非，实在是想引导人们思索其中某些教训：

"第一，科考队对彭加木失踪之事向马兰基地的报告晚了16个小时；

第二，救援工作在第二天上午10点才到达出事地点，已难以奏效；

△ 搜寻队伍在一片草丛中发现彭加木吃过的糖纸和疑似脚印

第三，应当承认，科考队缺油少水但未到断油断水地步，基地已回应在 18 日送水接济，彭加木本可以再坚持等待 24 小时的，他也显得有点焦急。"

我已经感到搜寻无望，更痛惜彭加木的走出。但我这种思想未便对任何人说出。我怕影响救援行动。我希望哪怕找到一点"死证"，我们面对"死证"痛哭一场，或者自我谴责一番，也可排解、消释积郁心头的悲哀、悔恨、愤怒……

得知彭夫人及子女 29 日到达马兰，周夫有处长、陈善明副院长、我，三人商定从七二〇赶回马兰会见彭夫人，一作安慰、解释，二想劝阻她进入罗布泊腹地。我们很同情她，但以为她们进入沙漠中心没有实际意义，甚至会影响到搜寻工作的部署。我们到达马兰已经深夜，立即去拜访彭夫人。见她镇定、坚强又极为理智，我们的心稍稍放宽。我来到马兰那天，向基地负责人说彭夫人将来罗布泊，他们都不以为然。我觉察到其中的内隐，曾打电话给分社领导人，请他们转请党委劝阻彭夫人。看来，彭夫人的到来，未必像我想的那么有所不便。夏训诚也陪伴而来。我同朱相清、夏训诚做竟夜之谈。

7 月 2 日下午，马兰基地的崔参谋通告我，新疆军区已下达命令，要组织第三次更大规模的搜寻。基地正在制定搜寻计划。那时候，各方面都有一种感觉，我们连一个人都找不到，愧对世人的期望。原来定于 4 日出发，因为要等待由上海、山东、江苏组织的警犬队而推迟。5 号，警犬队到达，当即召开动员大会，部署行动。这次预计规模很大。动员 68 名战士 (其中专门挑选党员 39 名，就像战争年代冲锋陷阵党员在前一样)，大小车辆 21 台，配备电台 9 部，帐篷 15 顶。为了保障搜寻队伍自身的安全，另有后勤供应装水车 5 部、带水 14 吨；汽油车 3 部、油 9 吨；备足 10 天的食品，等等。这无异于一次大规模的重要的军事行动。同时，又有兰州部队奉命组织 28 人的队伍，再次从敦煌西去，搜寻疏勒河故道。

7 月 6 日，早上 7:00。马兰基地一个空阔的广场上，旗帜飘扬，土兵、车队、警犬、出征待发的队伍，静悄悄。政委胡若古、司令员张志善作了简短的动员。彭夫人和子女同大家一一握手。夏叔芳、彭海、彭荔，含着泪，对每个人只有两句话："拜托，谢谢！"大家也只有点着头，用深情的眼光回应。有不少人也含泪不弹。此景此情，真使人有慷慨悲歌、共赴危难的情怀。张志善一声"出发"的命令，汽车同时发动，"轰隆隆"的声响，打破了由于悲壮而形成的凝固了的宁静……

　　为了支持并报道这次大规模的搜寻行动，新华分社 7 月 2 日派宋政厚出发到敦煌，参与东线队伍报道；又派摄影记者李广宽 5 日随同警犬队来到马兰。作家叶永烈也打通了关节，来到马兰。我因为有稿子要写，未能随部队乘汽车出发，在马兰停留一天。李广宽随大部队运动。我和叶永烈在第二天乘飞机赶到了 360 公里之外的七二〇，追赶大部队一起运动，7 月 12 日运动到库木库都克，在那里就搜寻三天。

　　现在，我随着寻找队伍，第一次闯进罗布泊了。

　　从马兰东去，既定的路程直线有五百公里。因为沿途都是沙丘、沙包、沙岗和沟壑，择平地而行，必得左转右绕，到达彭加木出事的地点，实地是七百多公里。

　　沿途没有任何路标，又没有确定的路面可循，只能摸索着前进。流沙常常陷车，我们只有拿出衣被垫在轮子下铺路。一公里路，有时陷车三四十次，要走两三个小时，耗油几公斤。碰到难以逾越的沟壑，就几十个人协力把车抬过去。大车抬不动，就只好再绕更远的路前进。

　　沙漠上行走，最恼人的是辨别方向。翻不尽的沙梁、沙岗，涉不尽的沙涛、沙浪。左旋右转，车队常常茫然不知所向。有一次，我和叶永烈自告奋勇探路，费了好大周折，才找出一条干涸的河谷路。等再回头，车也陷入了沙包的迷阵。叶永烈有一颗机智的头脑，他爬上一个沙包，扬起手中的红手帕，招唤旅伴。车队跟上来。我们又怕失去联络，叶永烈便掏出饭包里的饼干，每隔三五米撒上一块，给后来者引路。我学着他，也这样做。我们三天的干粮，不久便光了。不知道是他创造的标志起了作用，还是车队在沙漠行走慢慢有了经验，那一天我们走了一百七十公里，顺利极了。可惜，在以后的行程中，我们只有借食饱肚。

六月天气，沙原上热浪炙人。地表温度达到五十几度，地面气温也有四十多度。人人口中像着火一般，两颊的皮肉发烫，落满了细沙，胡子也挂满了尘土。要不是眼睛还闪动着光亮，我们一定会被当做古代墓葬中挖出的干尸了。最难忍的是干渴。一位老沙漠工作者告诉我们，在沙漠中旅行要节约用水，不到万不得已，切莫把水耗尽。想到彭加木，我们愿意学着耐热、耐渴、耐风沙，盼望着顺利地完成寻找任务。

我们在一片沙包中宿营。明月挂在深邃的夜空中，沙丘安谧、温顺，月光柔和、恬静。看到新月形沙湾像一重重海浪，我的心也随着海浪游弋，我突然想起古人法显、马可·波罗、唐玄奘来了。那圣僧西游曾记述流沙漫漫的见闻说："沙则流漫，聚散随风，人无行迹，遂多迷路，四远茫茫，莫指所指，是以往来者聚遗骸以纪之。乏水草，多热风，风起则人畜昏迷，因此成病。时闻歌啸，或闻号哭。视听之间，幌然不知所至，由于屡有丧亡，盖鬼魅之所致也。"我们虽没有遭逢鬼魅，旅途之苦是相同的。

朝霞把夜色驱尽，大漠通亮通亮。大漠日出真美啊！看哪，它涨红了的脸庞散发着柔和的光芒，亲吻着无垠的沙漠，沙漠尤为壮丽、宏大。这辽阔的舞台，这豪迈的场景，才正配得上像彭加木这样的英雄演出威武、雄壮的活剧。

对大漠日出妙趣，没有沉醉多久，毒辣辣的太阳倾泻出了万丈光焰，又把我们笼罩在炎炎酷暑当中。愈接近中午愈奇热难当。到了午后三点，气温在50℃，地表温度高达 72℃，罗布洼地着了火一样。一个多月前，彭加木出发找水的那天，据当时记载比我们经受的炙烤还要厉害。彭加木奋然不顾危难，挺身而起，去寻找活命的水。他当时是五十六岁的人了，又曾患重病，哪能经受这样喷火的怒涛的袭击呢？我们呼吸着滚滚之沙尘和灼热的气流，也提心吊胆地防备着被热流熔化的危险。

大家把罗布泊叫做"火地"，感觉周身受到地火和天火的威胁。新疆吐鲁番有个火焰山，以烈焰腾腾著称，被称为"火洲"。罗布泊的"火地"比"火洲"更甚。"火洲"到底有树荫、清泉，甚至有瓜果镇渴，罗布泊都没有。大家钻进车底盘下，匍匐一起，享受那两三平方米的日影的福荫。其实，何尝有荫，空气也是火焰一样的毒，我们不过是聊作心理上的安慰罢了。帐篷里像蒸笼。我们几次发现夜晚点燃未烬的蜡烛，一过中午，便溶解落入沙中。一路行驶可苦了汽车司机，水箱动辄哗哗滚。没有什么办法能够降温，只好走一阵换换水。换下来的水，留存下来他用。奇怪的是从上海、济南、南京运来的警犬也难耐奇热，只能三条腿走路，一条腿轮换避高温。这畜牲甚至失去嗅觉的灵敏，不能执事。人们还得侍奉着它们，成了负担。我时常听人讲起彭加木能在风寒、酷暑的旷野酣然入睡，能辨百草而寻食，能茹毛饮血而活命。他是学生物化学的，自然有这种本领。彭加木说过，人有舟楫之便，美味之饮，温馨之家，但也必须承受徒步之劳，蒌枳之苦，别家之孤，方能处处应不测而逢生。他在严酷的环境中造就了严酷的生活和工作方式，真是一个特种材料制成的人物。他的精神一直鼓励着我们不辍辛苦，踏破荒原前进。

我们踏进疏勒河故道，看到自然景观大异。沙土、盐渍和其他沉积物胶结一起，坚硬似铁、如石，又龟裂成矿碴、片石模样，挠曲凸起，边缘锋利如刃。有的如柱，有的似堤，参差错落，形成崎岖险途。我们的汽车轮胎往往被划破，还有人脚板被割出血迹。也有一些盐壳色彩绚丽，黄橙蓝白纷呈，像琉璃，如瓷器，这是因为内中含着不同的矿物质而形成的。有几处平坦地方的积盐，如珠如卵，一色洁白，甚奇，我们称之为"盐花"。我们在盐壳地带走，每一步都要低头找下脚之处，不便抬头远看，就像小心踩着流水中的石头过河一样。每当中午温度升高时，由于受热膨胀挤压，盐壳之间位移错动，产生摩擦，常常发出清脆的砰砰响声，像燃放的爆竹，为我们驱走荒漠的孤寂。

彭加木所率的考察队测定，罗布泊的盐壳地带总面积有两万平方公里，地貌是荒漠区所罕见的。《汉书·西域传》讲到罗布泊'地沙卤"。"卤"就含有被盐浸泡的意思。《水经注》里描写罗布泊的盐壳:"地广千里,皆为盐而刚坚也。行人所径畜产皆布毡卧之。掘发其下,有大盐方如巨枕。"《太平御览》也说这里的盐壳"刚卤千里,蒺藜之形,其下有盐,累基而生"。应该说,古人描述的盐壳形态是很形象的。这样的地貌是怎样形成的呢? 原来,罗布洼地汇聚着塔里木八方流水,成了积盐中心。河湖干涸后,这些积盐没有退路,又与地下盐碱相通,愈积愈厚,加上高温浓缩,积盐便成结晶形态。又因此地干旱少雨,盐分不能被解溶,所以积盐得以长久保存下来,成为奇观。

彭加木蒙难后,考察队整理他的遗物发现,他采集了几块晶莹透明色泽雪白的盐结晶体,竟像水晶石或是大理石样。其中,两块中间孕含着水草,又有水波似的涟漪,似一幅山水画。有一块中间嵌着半只贝壳,显然是水乡的遗物。还有几个雕琢未成的牛羊驼马形态的东西。彭加木手巧,可惜精工未成。新疆境内的少数民族,许多人能用盐块琢花鸟人物、寺院房舍之类的工艺品。彭加木在新疆生活了多年,也学到这种技艺了。我想得到几块盐结晶体,因为地壳坚硬,砸了几次都没有成功。考察队的同志送了我两块,我后来又把它转送给北京的朋友,他误认为是玉。

考察队对罗布泊的盐资源作了估算,数量以多少亿吨计。罗布洼地几乎无处不咸,甚至空气也有苦咸味。盐有十几厘米厚,不少地方有一米厚。罗布泊古海留给人类的是一笔巨大的财富。罗布泊盐湖中还有多种贵重的稀有金属和稀有气体,是军事工业和能源的重要资源。彭加木正是为了探得这些宝藏,甘冒风险和劳苦来这里的。

据史书记载,罗布泊古海,清初时仍"东西及二百里,南北百余里"。20世纪 30 年代还有人测定它的水面达 2000 平方公里,到了 70 年代湖泊干涸。昔日"其水澄澄,冬夏不减。其中洄湍电转为隐沦之脉,当其环流之上,飞禽奋翻于霄中者,无不坠于渊波矣"。后来,由于种种原因,主要是水源流量减少,湖泊干涸,湖盆完全裸露出来。

我们发现了当年水乡泽国的物证。有一个同志拣到了一只水鸭的遗骸,镶嵌在一块盐结石里,好像一块化石。有的拣到了鱼骸,有的拾到了羽毛。一位地质工作者在一片半透明的盐壳深部挖出两大块古铜色的陨石,以后在其他地方又有发现。这证明水体尚在时，这里有天体降落物。所有这些沉默不语的古海遗迹，都向我们显示出它过去碧波浩渺的盛景。现在面对干涸古海，只能感叹自然界沧桑激变之烈。

我们在东径 91° 51′，北纬 4° 17′ 的一片盐壳地带的边缘建立营地。这地方叫库木库都克，彭加木就是从这里走出后蒙难的。

"库木库都克"，维吾尔语是"沙井"的意思。这里南临库姆塔格沙漠，北靠库鲁克塔格山，既无井，又无泉，只有一个十米深的坑，底部有沉积物，也都结成盐壳。

库木库都克地处疏勒河故道南岸。有些考古工作者说，当丝绸之路通畅的时候，这附近曾设过驿站，当时西出阳关的商贾、军人、官吏，都要在这里休息，载粮负水，然后继续赶路。现在，我们来到这里，近觅不见古迹，远望一片漠漠黄沙。彭加木带着考察队在这里生活过。但是，除了地上的瓶子、罐头盒、灶灰、车辙等，再也没有彭加木留下的任何痕迹。库木库都克沉默不语，我们也哀痛难言。我拍摄下这现场景观，刨了点这里的盐土，采折了些迎风摇曳的红柳枝条，好带回去赠给彭加木的亲朋，让他们见物思亲，时常念起老彭。

我们曾经分析，彭加木有东去的可能。因为东去有较密的芦苇丛，据说还有几处水井。芦苇可以遮荫，泉水可以救命。我们怀着他能生还的希望，在周围的沙原和盐壳地带中往返寻找。从库木库都克到达敦煌的二百多公里疏勒河故道，发现了四处涓细小流，但都酷咸不能饮。一直到了离库木库都克很远的地方，才找到一处甘甜泉水，水面不大，也不深，却清可见底。大家就像找到琼浆玉液一样喝了一个饱。这是我们寻找彭加木一个多月的时间里，第一次开怀畅饮。当初彭加木曾提议要查清罗布洼地水资源，给以后往来的行人标明水的坐落。可是彭加木壮志未酬。我们怀念起彭加木，也为了纪念党和政府对科学工作者的殷切期望和热情关怀，提议把这口井定名为"寻彭井"。

我们在流沙滚滚、茫茫瀚海中觅着彭加木的踪迹。寻找的范围很广，东西200公里，南北宽20到30公里，面积约4000平方公里。我们估计他蒙难之前所能到达的地方不能再远。这么大的地方一百多人的寻找队伍，如同撒在大海的几根针，抓一点而漏万点，走一线而顾不着面。况且，罗布洼地地形复杂，沙岭、沙岗、沙丘、沙包、沙垅，布成迷阵，又有红柳、苇丛障目，两人相距50米便不能呼应，更增加了寻找的困难。我们都带着报话机，规定一个小时，便要互相呼叫接应一下。上级还派直升飞机在空中低飞察看、联络，运送我们所需的食物、药物、油料等。一次，直升飞机向我们的宿营地投送一捆包裹，我们打开看，是来自全国各地的电报和信函，表达对寻找彭加木的关切。有一封信是彭加木家乡广东南海县一群少先队员寄来的，同时附上一条红领巾，希望我们接应出彭加木后，把红领巾佩戴在他的胸前。我们把这条红领巾作为旗帜悬挂在帐篷的最高处，少先队员们诚挚的期望一直搁在我们心间。

在离库木库都克十公里的地方，一片芦苇丛遮掩的沙包上，有人发现了一行遗迹。沙包上的盐渍土比较松散，清晰地留着长不到三十厘米、宽十几厘米的脚印，一端深陷，一端稍浅。一个考察队员踩着脚印比试，巧极了，大小一样。考察队每人都穿一双同样的毛皮鞋，一定是那个考察队员到过这里。顺着脚印找，三百、五百，又找了八百米，偶然发现苇丛中一张彩色糖纸，糖纸崭新，字迹清晰。考察队员们想起彭加木吃过这种糖。似乎有人在沙包上坐过，地面上留着被臀部压下的坑。苇丛有被踩踏的，苇叶似乎泛绿，人走过的时间确乎不长。所有这些，都证明彭加木从这儿走过。

我们顺着足迹寻觅……

可是，不久足印断了，大漠不言，群山无语，没有发现任何东西能向我们昭示彭加木的信息。日久，彭加木失落难寻的预感压在我们心头像铅一样沉。

我几次同叶永烈、夏训诚乘飞机在罗布泊上空盘旋。我把眼贴在窗口瞭望。飞机在热流中颠簸，像在海浪中荡漾。海阔无垠，平沙比海更宽；海浪高涌，大漠扬起的飞沙，比惊涛骇浪更险。古湖布满无数条古河冲刷成的沟壑，纵横交错，像是伸开的大地神经。大约是土质成分不一，洼地五颜六色。内行的人告诉我，白色的是盐碱，红色的是古河冲积的泥土，棕色的是古河的沉积物，黑色的和黄色的是沙。奇异的色彩，奇异的图画，奇异的湖泊，令人眼花缭乱。炽热的阳光反射到眼里，时间一长，使人感到干、胀、涩、痛……

我发现地面上有一道道曲线，似流水痕迹，又像蜿蜒长蛇。我借过摄影记者的望远镜头，把那蛇形痕迹拉到眼皮底下，从高空看，似一道道曲折的堤岸，虽不能判断高低，却能看清泥沙被冲刷得平整如镜，颜色不一，灰、黄、白、红、黑相间，有如画家泼洒的色彩。

夏训诚递给我一张美国地球资源卫星拍摄的罗布洼地全貌照片。三万平方公里的广阔大地被收缩到一尺见方的画面上，只有卫星可以办到。我们坐的飞机曾达到三千五百米高度，也不曾鸟瞰到全貌。一张卫星照片能使人把罗布洼地一览无余，尽收眼底。那蜿蜒起伏的曲线，首尾相邻，竟环相扣，状如耳轮。曾经到美国访问的老夏告诉我，美国一位有名望的地学家，在他的书房里悬挂起一张同样的耳环形罗布洼地照片。那学者面对这样一块奇异地貌苦思冥索其成因而不得其解。那耳环形的湖海不知隐藏着什么谜呢！

罗布泊考察队曾经南北纵贯，东西横穿，探索湖盆内耳环形的秘密。

原来，在相当长一段历史时期，罗布泊湖水逐渐干涸，湖面逐渐退缩。每一次大规模的退缩和干涸，都留下湖水的痕迹。在地势比较低洼，湖水退出较晚的地区，积盐的厚度较薄，一般只有10—15厘米，盐壳下为青灰色淤泥，质地蓬松，人行陷脚。这样的地方因为光谱反射能力较弱，在卫星照片上，色调灰黑。湖水退出较早的地方形成的盐壳，地质坚硬，光谱反射性能强，在卫星照片上显出灰或白色。这种由于不同时期湖面龟缩形成的不同的光谱形成灰白和灰黑相间的图案，就是卫

星照片上的耳环形。

在这个耳环形封闭状态的古海范围内，科技工作者揭示了一系列地学的秘密。这种秘密的揭开有助于辨明一百多年来争论不休的所谓罗布泊是否游移之争。

所谓罗布泊是否游移的问题，是地学界一场有意思的科学公案。

这件事情得追溯到上个世纪末。1876 年俄国人普尔热瓦尔斯基到达塔里木河下游东径 89° 15′—90° 和北纬 39° 35′—39° 50′ 之间考察，发现了一个淡水湖。而当时的中国舆图所记，有一个罗布泊位于东径 89° 10′—91° 25′ 和北纬 39° 45′—40° 50′ 之间，而且是咸水湖。这个俄国人匆忙宣布，中国的地图对罗布泊的记载相差一度，错了。德国地学家李希霍芬相信中国学者的严谨，对普氏的结论进行反诘，认为他一定是把另一个什么湖误认为罗布泊了。普氏又连连反驳，自以为是。1900 年瑞典人斯文赫定，也来此考察，他在两个地方都看到了湖，一个叫喀拉和顺湖，一个叫罗布泊。同时他看到喀拉和顺的湖水流向罗布泊。他预言，150年后，罗布泊湖水则倒向喀拉和顺，它是一个周期性的游移湖。自此，"罗布泊游移说"不胫而走，成为地学界所认可的一个有趣的地理现象。以后中外学者就此问题进行辩诘，纷争不已，成为一个科学上的悬案。现在，罗布泊考察辨证一些"瞎子摸象"式的陈见，证明：罗布泊并非游移湖。

环环相扣的耳环形轮线，呈同心圆状分布。这个圆心地区湖水最后退出的地方，在东经90°25'和北纬和40°10'之间。以此为圆心形成一个780米等高线以下的洼地，面积有5350平方公里。用现代技术可以查明，历史上，罗布泊湖水从没有越出这个范围。

罗布泊综合考察队在古湖盆中心地带开凿过几十个数米的井，探得沉积物的分布状况。科学工作者对这些岩层进行地质年代的测定，得出了一些很有趣的数字：9米深处的沉积物，是近30000年以前的；3米深处的沉积是9000年前的；1.5米深处的沉积物是3000年前的。而且，30000年、9000年、3000年的沉积物中都存在着水生植物如香蒲、莎草的花粉孢子。这说明罗布泊近万年来从没有干涸过，一直有水停积，从没有流向他处。它的完全干涸只是近一二十年的事。

考察队对喀拉和顺和罗布泊两个干涸的湖进行测定，前者海拔高为788米，后者为778米，相差十米。水往低处流，处于低处的罗布泊湖水不会倒流向比它高十米的喀拉和顺湖。罗布泊湖底随着沉积而抬升，但要抬升1.5米，要3000年；抬升10米，要30000年以上。因此，150年一个周期之说不着边际。

这就够了。看到了喀拉和顺湖就妄称自己看到了罗布泊，而且对中国史书典籍指指点点。这和"瞎子摸象"一样可笑。地学家对于"罗布泊游移"之说该是修正的时候了。

罗布泊考察，涉及到历史、地理、气象、土壤、动物、植物、矿产等一系列学科和经济建设课题。加之这个地区的自然环境特殊，凡到此考察又都具有探险色彩。从20世纪初至今，罗布泊一直成为世界关注的热点神秘区域。它所具有的经济、文化和社会意义越发被各界关注。彭加木所率领的考察队，披荆斩棘，为后来的考察、开发开辟了新的道路。20世纪末期，这里修了公路，发现了石油和天然气。这显示了罗布泊考察的民生价值。

7月14日傍晚，我乘直升机回到七二〇，立即同周夫有处长、机场主任乔文鹤等会面，汇总几方面队伍的情况，对搜寻进行估计。我得便沟通敦煌，同宋政厚通了话，知道东路已于14日返回。我感到各方面都在等待军政机关对于搜寻的进一步指示。这是我应该说话，表示意见的时候。夜半，我迅速起草一件内参稿，直接要通总社值班室，说有重要稿子传送，请他们记录以下的内参稿：

"记者自罗布泊报道：罗布泊自然条件严酷，搜寻彭加木的第三次行动虽然艰难寻找，仍然不能判明彭加木下落，急需上级机关对下一步行动作出决断。

"记者随搜寻部队进入离马兰约700公里的库木库都克，沿途尽是流沙、盐壳和沙丘、荒冢一样的雅丹地貌。现在正是酷暑季节，地温60℃以上，气温高达50℃以上，炙热难熬。部队晓行夜宿，长途跋涉，疲惫不堪。搜寻队伍在这样的条件下生活，随时都有断粮、断水、断油危险，完全超出了正常的劳动保护界限。部队士气虽然不低，但仍难保证持久，令人有后顾之忧……"

我从地理环境、部队可能承受的危难程度、已经付出的巨大代价等方面作出判断：沙漠大规模搜寻活动难有安全保障，寻找到彭加木的希望不大，应即停止大规模行动另作处置。

我是同夏叔芳一起返回七二〇的。她乘飞机到库木库都克瞻仰彭加木出事地点，采集了一些红柳、盐壳留作纪念。我在飞机上坦率地向她表示了寻找无果的担忧。她说："到了这里看到解放军的艰苦不屈、奋不顾身，很感谢党和政府和军队，也能理解寻找的困难。"我把彭夫人及子女所表示的谅解也写进了内参稿。

7月16日中午14时30分，新疆军区司令员肖全夫、政委谭尚和给马兰基地电话发令：搜寻队伍17日撤离沙漠腹地，务必在19日后退到七二〇休整。

全部搜寻队伍的成员，7月22日回到马兰。

后 记

遥祭彭加木，遥祭罗布泊

彭加木离开我们去了，但他留下的事业还在继续。

罗布泊的秘密正在被我国的科学工作者进一步揭开。彭加木的战友们，已经整理出大批科学考察资料，进行了标本的化验、鉴定工作。地理、地质、水文、生物、土壤、化学、考古、植被等许多学科的专家、学者，又在跃跃欲试，重整队伍踏进罗布泊。在彭加木开辟道路的地方，将会有更多鼓舞人心的捷报传来。

彭加木的英灵长留在罗布泊。丝绸之路上，古往今来的豪杰志士的行列中，又增加了一个新的英雄——共产党员彭加木。罗布泊和彭加木的英名将永远连在一起。

不久，经国务院民政部批准，由上海市人民政府授予彭加木以革命烈士的光荣称号。

在彭加木蒙难一周年之际，上海市、新疆维吾尔自治区的党、政领导机关和中国科学院都作出决定，颂扬彭加木烈士的光辉业绩，号召人们学习彭加木的共产主义精神。

1981年10月19日，彭加木烈士追悼大会在上海隆重举行。一个特制的纪念盒，安置在会场中央。盒子里装着烈士生前在罗布泊采集的岩石标本，还有彭加木的妻子从烈士遇难地点带回的一包沙土。追悼会后，这个纪念盒被安放在龙华烈士公墓，供人们瞻仰、悼念。彭加木在祖国的大地上奔波忙碌了一生，祖国的一沙一石，尺草寸土，都是他钟爱的财富，他把自己的心血、精诚、智慧都熔铸在祖国的大地上。他和祖国大地一起永存。

当人们整理彭加木的遗物时，发现了他还没来得及完成的考察论文，此外，还有几百张他亲自拍摄的罗布洼地照片。其中，有罗布洼地地质、地貌、水文、土壤等科学资料，有他带领考察队首次穿越罗布泊干涸湖盆时拍摄的沉积丰富的钾盐、其他矿物和水生物遗骸等珍贵镜头，还有沙漠日出、流沙滔滔、野驼飞奔、蜥蜴群集、柽柳丛生、苇丛飞絮、罗布麻染霞等自然奇观。一幅幅珍贵的照片，真实地映衬出彭加木烈士美好的内心世界。他深深地热爱罗布泊。在他的镜头里，看不见荒凉和消沉。在他的眼里，大自然是那么美好而令人神往。彭加木的战友们饱含热泪，将这些照片收入了中国科学院新疆分院编辑的《罗布洼地科学考察画册》。

1981年年底，一辆卡车载着一个巨大的花环，向库木库都克驶去。那花环用梭梭、柽柳、芨芨和罗布麻编织而成。这些都是生命力极强的沙生植物，是守护绿洲、防止沙害的倔强卫士，他们将永远陪伴着彭加木烈士的英灵。

车上还载着一个高1.5米，宽0.7米的水泥制成的标志。彭加木的战友们受新疆、上海党组织和政府之命，要到库木库都克树立一个永久性纪念标志，纪念彭加木不朽的业绩。

汽车满载全国人民对彭加木烈士的哀思沿着疏勒河故道疾驶，车轮卷起一重重沙浪。此刻的罗布洼地，显得那么宁静，无垠的沙海，仿佛也在为这位不屈的勇士默哀。

标志耸立在彭加木蒙难的地方。清晨，红日从地平线上冉冉升起，霞光映红大漠，映红了那纪念标志上的金色碑文。

同志们低下头，向彭加木英灵默哀。

同志们弯下腰，捧起一抔抔罗布洼地的沙土，珍惜地装在口袋里，作为终生纪念之物。这沙土将使他们时常追念那难忘的考察中波澜壮阔的生活和艰难的历程。

同志们站在纪念标志旁合影，他们心中默念着："彭加木同志，请你安息吧。我们再来时，将用胜利的花束和丰富的科学成果祭奠你的忠魂！"

我一年中收到许多有关彭加木信件，所能回答的，我都回答了。有人要彭加木的照片，有人要罗布泊的纪念物，有人希望同夏叔芳通信慰问，有人希望有机会也到罗布泊闯荡一番，效彭加木的英雄壮举。可见彭加木已经深入人心，成为一种精神和象征给人以鼓舞和教育。

彭加木的事迹报道之后，全国新闻媒介又抓住夏训诚五进罗布泊，科学考察成果累累这件事，大事宣传一番，称夏训诚为"活着的彭加木"。1982年底，由联合国主办、中国科学院承办的国际罗布泊科学讨论会在乌鲁木齐召开，彭加木和罗布泊的话题又热热烈烈地谈论了很久。这样的话题还将继续谈下去。罗布泊仍然是一个待开发的地区。那里也必将有英勇不屈的后来者建功立业。"谁治瀚海作桑田，天荒一破乾坤小"，还得靠我们自己，靠彭加木式的中国人。

100 位

新中国成立以来感动中国人物

丁晓兵　马万水　马永顺　马恒昌　马海德　中国女排五连冠群体

孔祥瑞　孔繁森　文花枝　方永刚　方红霄　毛岸英

王　杰　王　选　王　瑛　王乐义　王有德　王启民

王进喜　王顺友　邓平寿　邓建军　邓稼先　丛　飞

包起帆　史光柱　史来贺　叶　欣　甘远志　申纪兰

白芳礼　任长霞　刘文学　刘英俊　华罗庚　向秀丽

廷·巴特尔　许振超　达吾提·阿西木　邢燕子　吴大观

吴仁宝　吴天祥　吴金印　吴登云　宋鱼水　张　华

张云泉　张秉贵　张海迪　时传祥　李四光　李春燕

李桂林和陆建芬夫妇　李素芝　李梦桃　李登海　杨利伟

杨怀远　杨根思　苏　宁　谷文昌　邰丽华　邱少云

邱光华　邱娥国　陈景润　麦贤得　孟　泰　孟二冬

林　浩　林巧稚　林秀贞　欧阳海　罗映珍　罗健夫

罗盛教　草原英雄小姐妹　赵梦桃　钟南山　唐山十三农民

容国团　徐　虎　秦文贵　袁隆平　钱学森　常香玉

黄继光　彭加木　焦裕禄　蒋筑英　谢延信　韩素云

窦铁成　赖　宁　雷　锋　谭　彦　谭千秋　谭竹青

樊锦诗

图书在版编目（CIP）数据

彭加木 / 赵全章著. -- 长春：吉林文史出版社，
2012.6（2024.5重印）
（100位新中国成立以来感动中国人物）
ISBN 978-7-5472-1087-1

Ⅰ. ①彭… Ⅱ. ①赵… Ⅲ. ①彭加木（1925～1980）
－生平事迹－青年读物②彭加木（1925～1980）－生平事
迹－少年读物 Ⅳ. ①K826.1-49

中国版本图书馆CIP数据核字（2012）第136071号

彭加木

PENGJIAMU

著/ 赵全章

选题策划/ 王尔立　责任编辑/ 王尔立 李洁华 马华 任玉茗
装帧设计/ 韩璘
出版发行/ 吉林文史出版社
地址/ 长春市福祉大路5788号　邮编/ 130118
电话/ 0431-81629363　传真/ 0431-86037589
印刷/ 天津海德伟业印务有限公司
版次/ 2012年8月第1版 2024年5月第5次印刷
开本/ 640mm×920mm　1/16
印张/ 9 字数/ 100千
书号/ ISBN 978-7-5472-1087-1
定价/ 29.80元